中國社會科學院近代史研究所藏

清代名人書札墨跡

蘇士澍敬題

【下册】

社會科學文獻出版社

張之洞（一八三七—一九〇九），字孝達，號香濤，晚號抱冰，直隸南皮人。同治進士。歷官山西巡撫、兩廣總督、湖廣總督、軍機大臣。諡文襄。有《張文襄公全集》傳世。

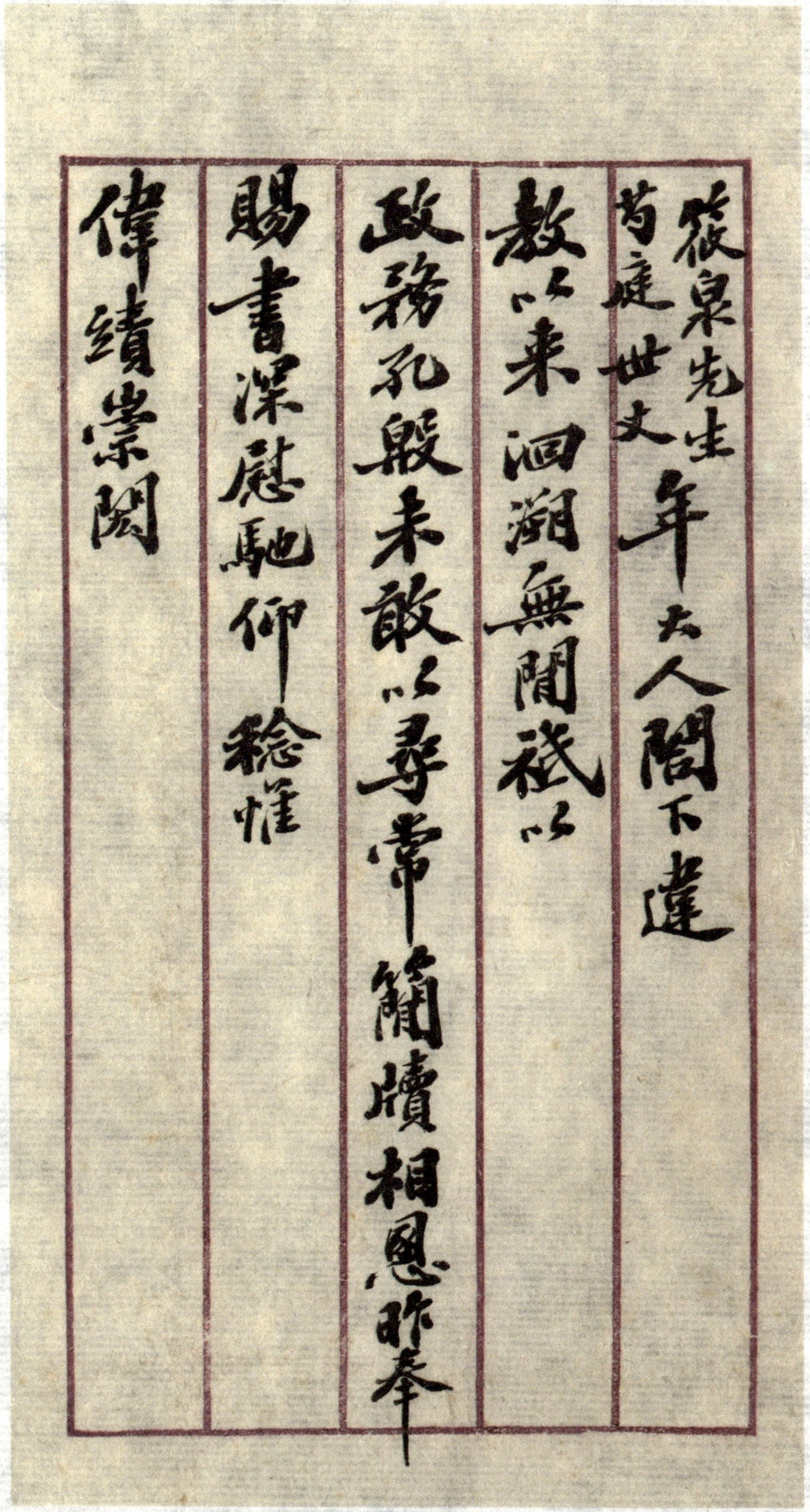

筱泉先生
芍庭世丈年大人閣下：違
教以來，洄溯無間，祇以
政務孔殷，未敢以尋常簡牘相溷。昨奉
賜書，深慰馳仰。稔惟
偉績崇閎，

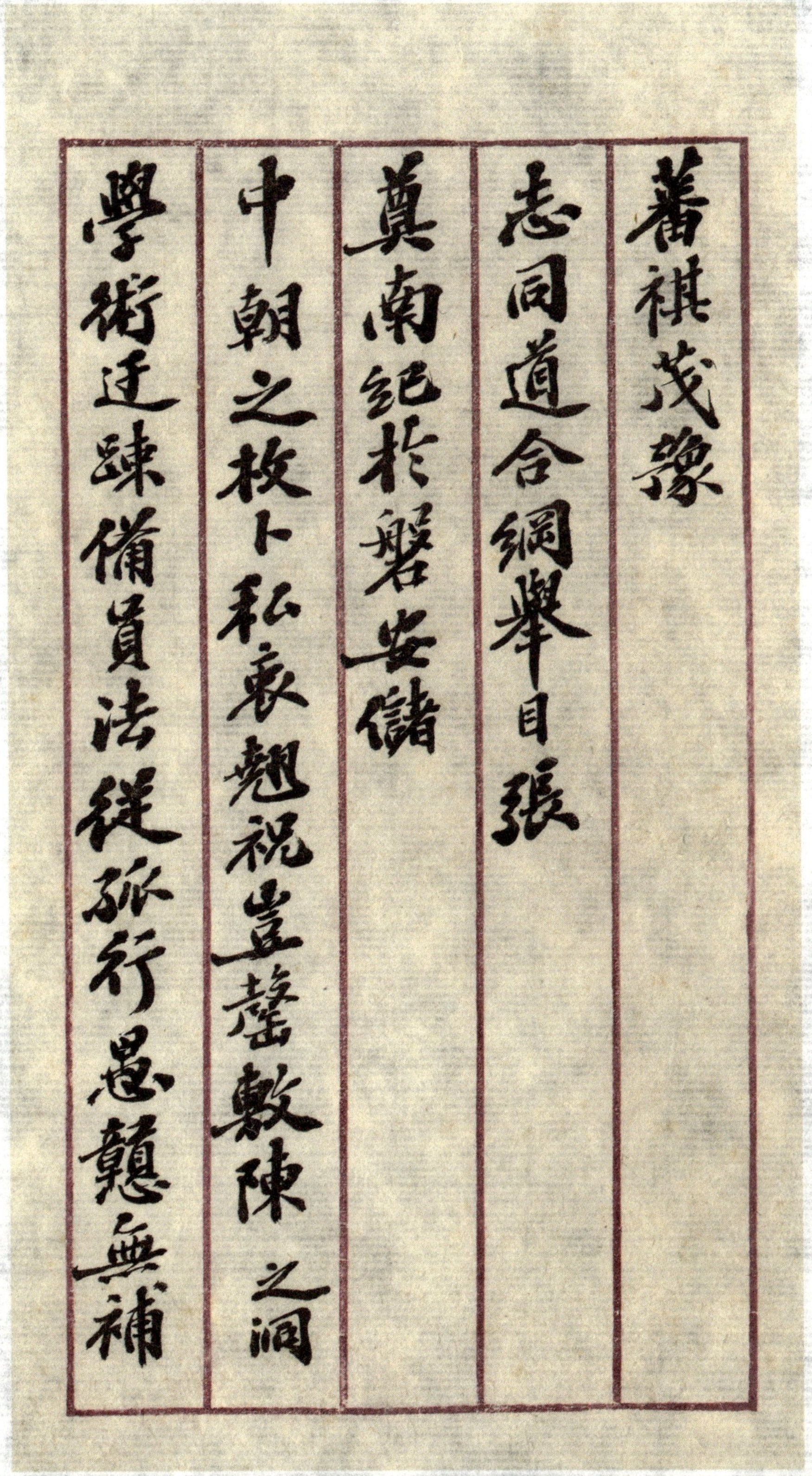

蕃祺茂豫，
志同道合，綱舉目張，
冀南紀於磐安，儲
中朝之枚卜。私衷翹祝，豈罄敷陳。之洞
學術迂疏，備員法從，旅行愚戇，無補

清時護落浮沉無足言者
來教興懷文獻將有續修湖北通志之
舉具見
雅識宏規見定體例宗東原之說續其
所有補其所無續輯者斠刊各門紕誤

近代史所藏

五五

者別為補正一節義例精善已得
大綱佩服佩服至
尊意欲以總纂相委惶愧卻顧非所
敢承其不可有五學殖本淺近益荒曠
瞿如寒竽不能勝任一也家事較雜憔悴

近代史所藏

傷人性又好爲杞憂，蓋多煩欝，適來神
思日困，憚於搆思，艱於握管，二也。考者
舊識前聞，必資邦彦，始易集事，惟楚
多才乃遠擇，一京朝官以爲領局，必非楚
人所樂，三也。按卷寄覽，刻期待報，以竣篇

鈍滯之材加以疏懶，健忘之性必致延閣
適時有誤局事，四也。方志以地理爲大宗，地
理以目驗爲定案，原本山川極命草木
遥領臆度，皆成讆言，五也。勘誤拾遺，當
据前代圖書，近年史牘，鄂局自必求

五六

近代史所藏

備京邸 何從得此史料乎六也順天
志事自以分屬桑梓 無辭可謝然終
以力小難任僅為草定體例門目以後便
脱然事外此
苟公之所知也小棠京兆屢申 前議堅

詞峻卻 開局兩載一不與聞 此時成
書幾卷入局幾人功課是否中程條例
有無更變懵然不知亦不問也今若從鄙
志之役其何以解於萬尚書周京兆乎
七也綜此七端寔無飾說非敢方

五七

近代史所藏

命媿謝而已惟望
別訪通儒付茲鉅任幸甚、如必
不鄙愚蒙或俟將來開局後遇有
義法文辭疑難未決者隨時
郵示諮詢所及效其一得其知者請以臆
對不知者謹從闕如如此則進退綽然
豪無窒閡仰酬
雅意如斯而已抑又聞之自知者明薦
賢者公若總領必無其人則有敝門人樊
生增祥字雲門文學博雅才思敏贍

五八

日下名士罕有其匹去年以康常
改官縣令待闕未除旋以憂歸竊
惟楚人習於楚事使處斯席遠勝
鄙人惟
大君子裁之手書布臆敬頌

近代史所藏

勛綏統希
亮詧不宣
年 侍生 期 愚姪 張之洞頓首

五九

奕劻（一八三八－一九一七），字輔廷。愛新覺羅氏，滿洲鑲藍旗人。封慶親王。歷任總理海軍事務大臣、總理衙門大臣、領班軍機大臣。宣統三年任責任內閣總理大臣。

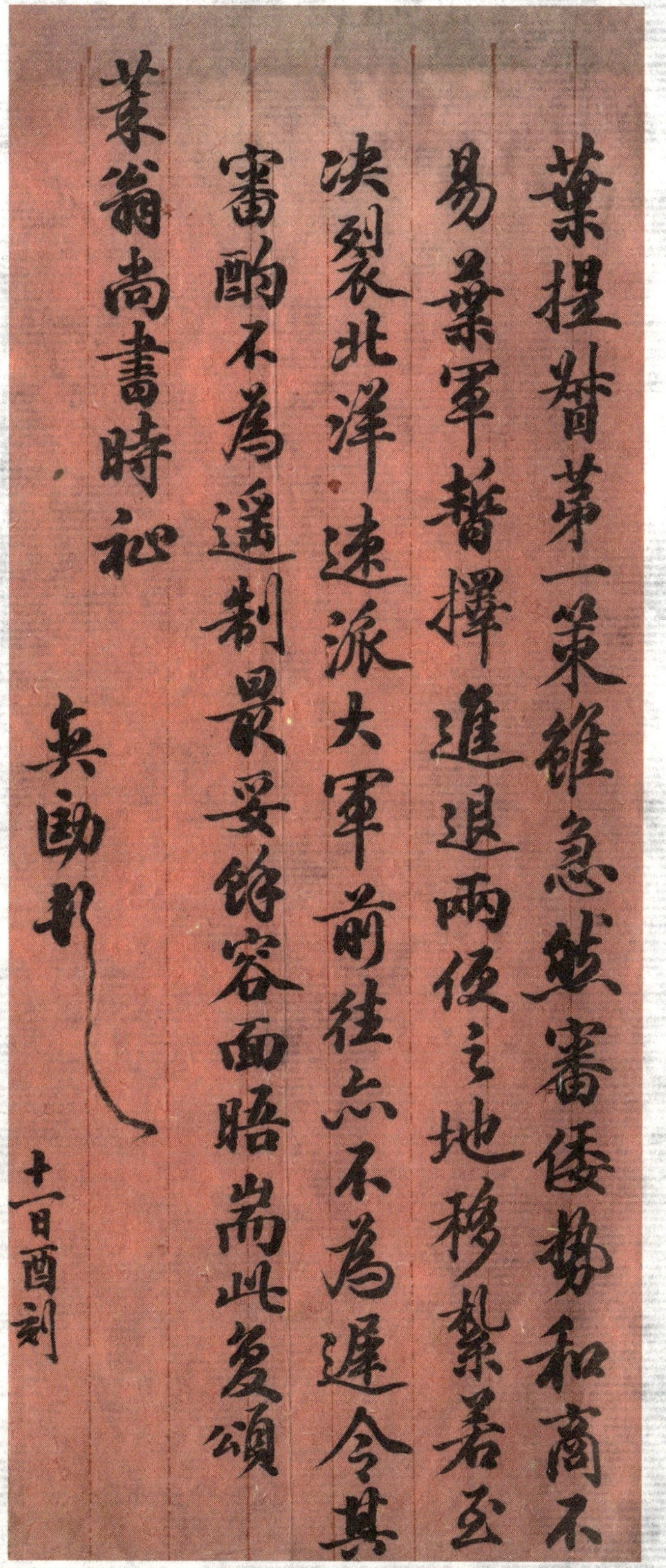

葉提督第一策雖急，然審倭勢和商不易，葉軍暫擇進退兩便之地移紮，若亟決裂，北洋速派大軍前往，亦不為遲。今其審酌，不為遙制，最要從容面晤論此。復頌

萊翁尚書時祉

奕劻頓

十一日酉刻

清代名人書札墨蹟

近代史所藏

曾紀澤（一八三九－一八九〇）字劼剛，湖南湘鄉人。曾國藩之子。曾充出使英國、法國、俄國大臣等職。

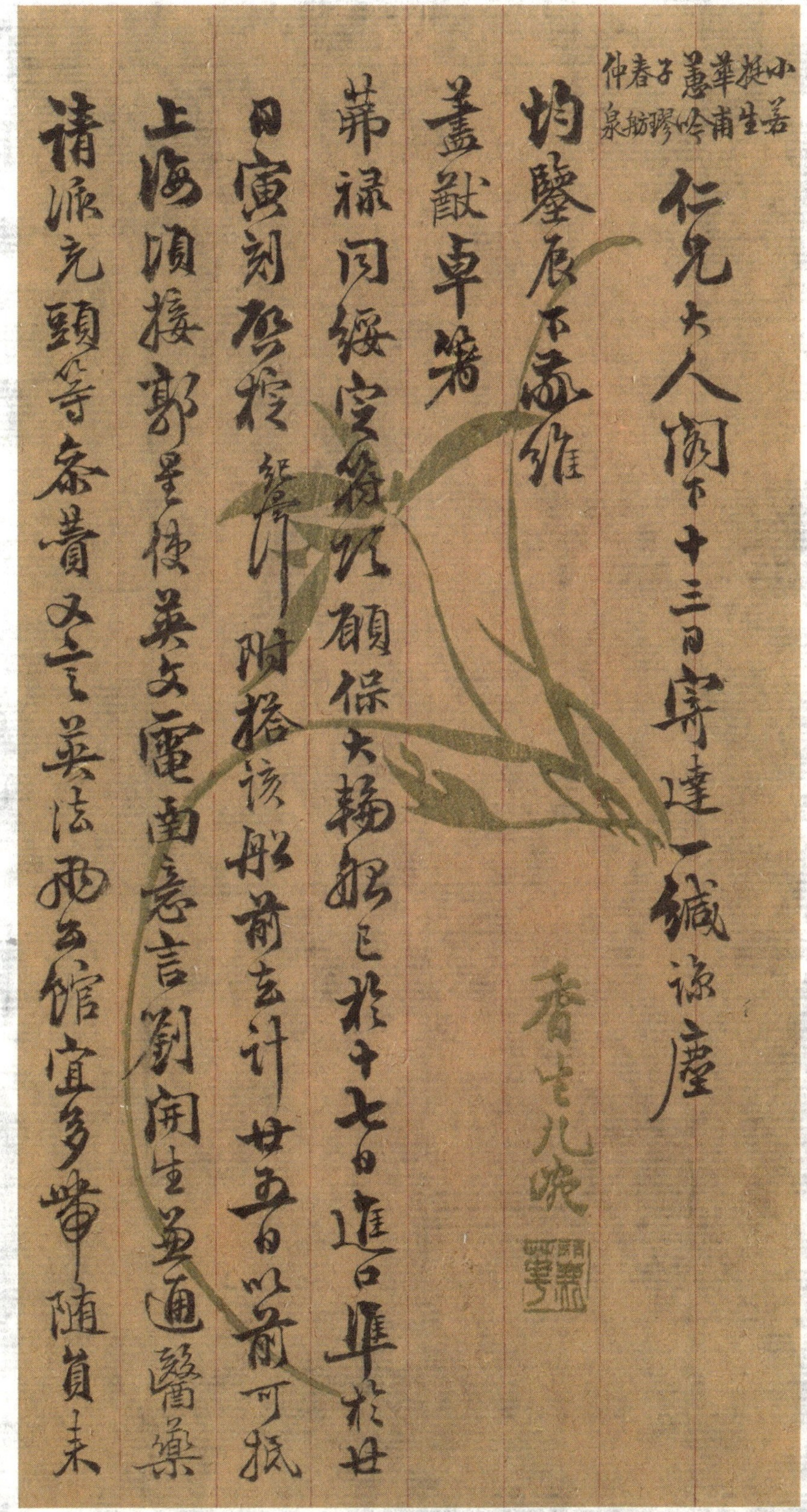

仲兄大人閣下：十三日寄達一緘，諒塵

均鑒。辰下伏維

蓋猷卓著。

芾綠同綬空鎮頤保大輪船已於十七日進口，準於廿

日寅刻啟椗。紀澤附搭該船前去，計廿五日以前可抵

上海，須接郭星使英文電函，意言劉開生英通醫藥，

請派充頭等參贊，又言英法兩公館宜多帶隨員來

六〇

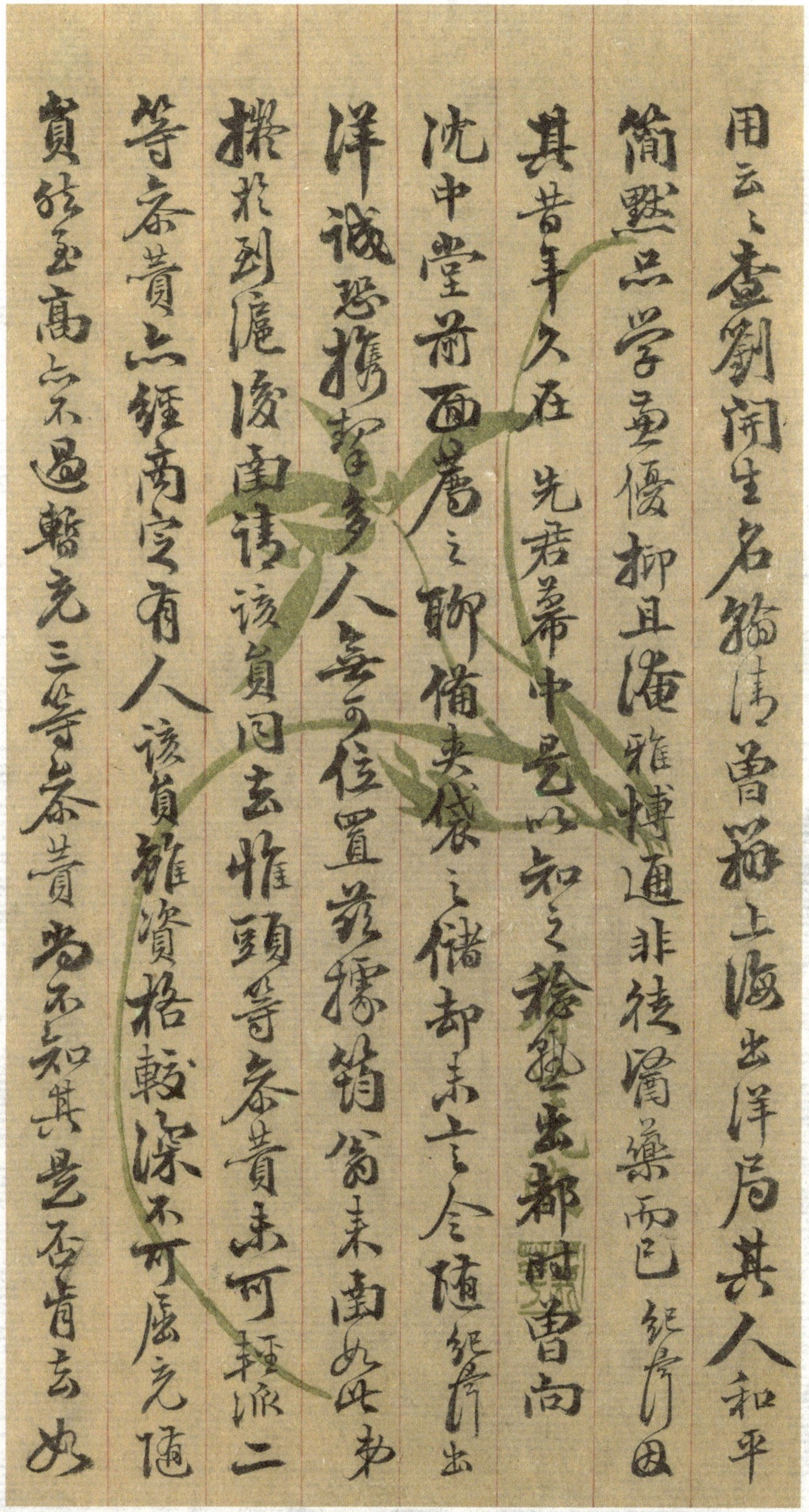

用云云。查劉開生名翰清，曾赴上海出洋局，其人和平
簡默，品學兼優，抑且淹雅博通，非徒詞藻而已。紀澤因
其昔年久在 先君幕中，是以知之稔。然出都時曾向
沈中堂前面薦之，聊備異域之儲，却未言及今隨紀澤出
洋。誠恐携帶多人，無可位置，並擬銷前函，如此，弟
擬於到滬後函請該員同去，惟頭等參贊未可輕派，二
等參贊亦經商定有人，該員雖資格較深，不可屈充隨
員，然至高亦不過暫充三等參贊，尚不知其是否肯去也。

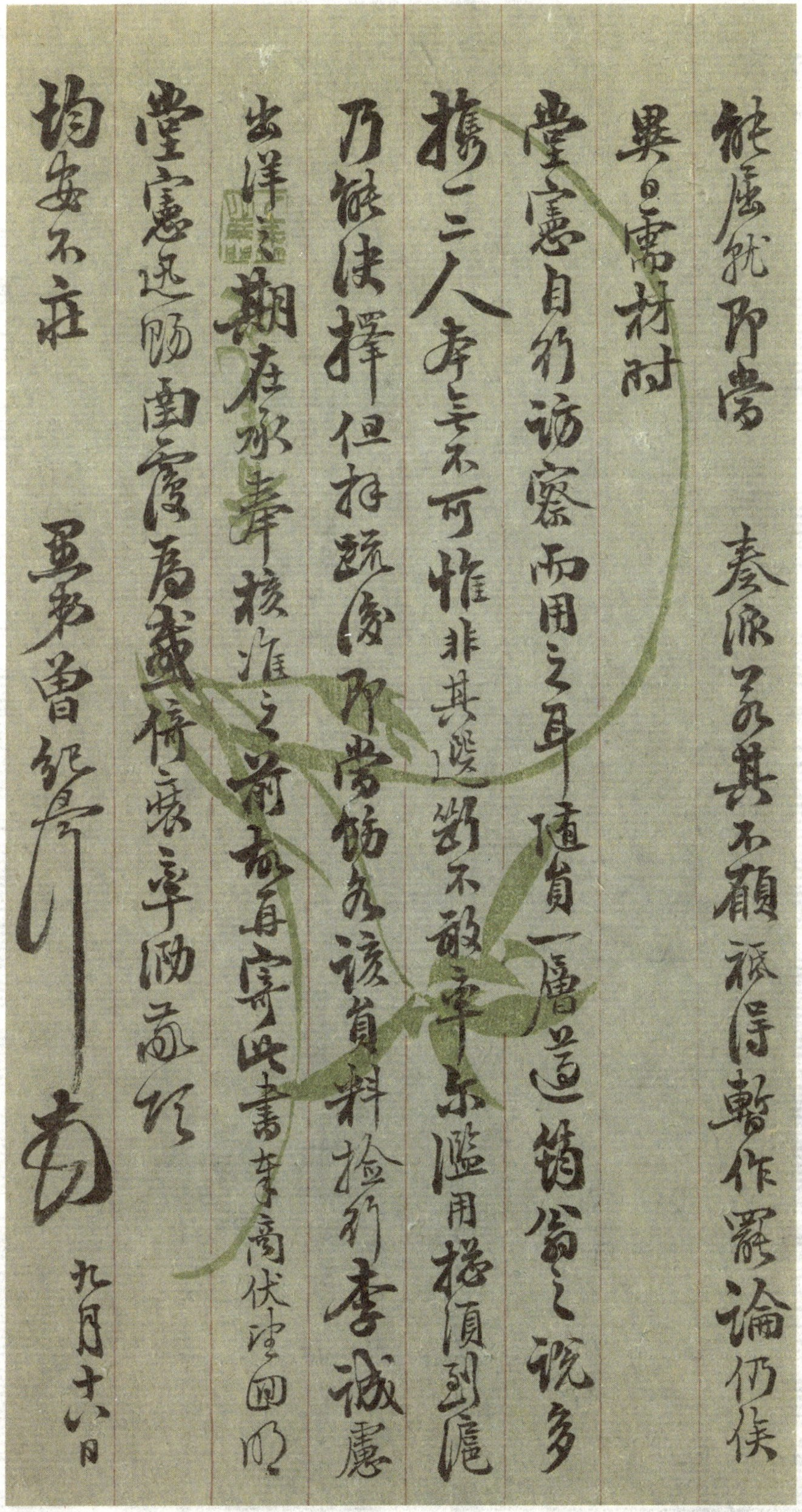

能屈就，所當 奏派。又其不願，祇得暫作罷論，仍俟
異日需材時
堂憲自行訪察而用之耳。隨員一層，遵 鈞函之說，多
携一二人，本無不可，惟非其選，斷不敢率爾濫用，總須到滬
乃能決擇。但於疏虞所當飭知該員料檢行李，誠慮
出洋之期在承奉核准之前，故先寄此書奉商，伏望回明
堂憲，迅賜函覆為盛，侍褀並頌勛祺
均安不莊
愚弟曾紀澤頓首 九月十八日

清代名人書札墨跡

近代史所藏

清代名人書札墨蹟

吴重熹（一八三八—一九一八），字仲怡，一字仲飴，號石蓮，山東海豐（今無棣縣）人。舉人。歷官至郵傳部左侍郎、河南巡撫。

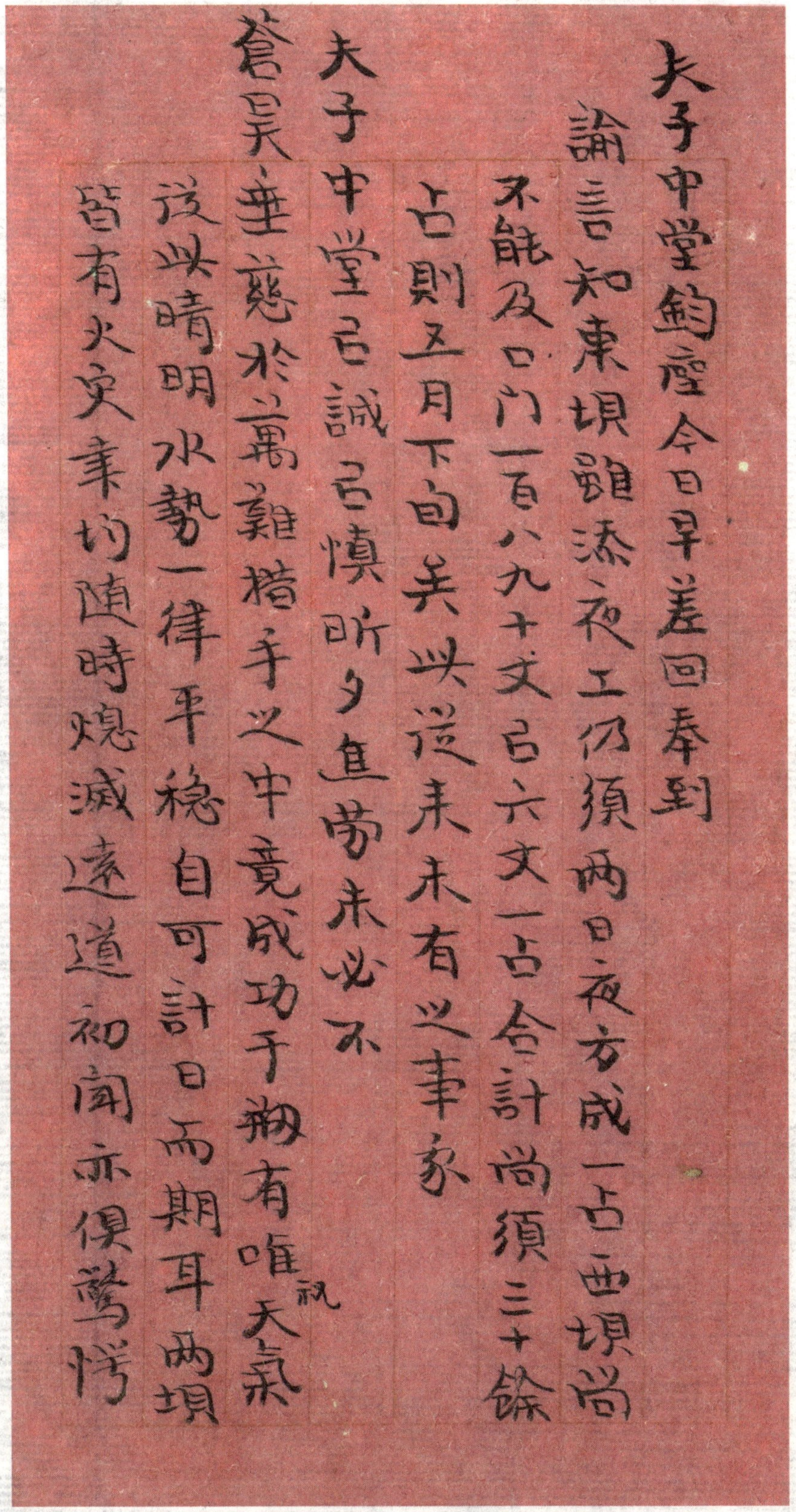

夫子中堂鈞座今日早差回奉到
諭言知東垻雖添夜工仍須兩日夜方成一占西垻尚
不能及口门一百八九十丈已六丈一占合計尚須三十餘
占則五月下旬矣此從來未有之事家
夫子中堂已誠已慎所夕直勞未必不
蒼昊垂慈於萬難措手之中竟成功于翔有唯祝天氣
從此晴明水勢一律平穩自可計日而期耳兩垻
皆有火史來均隨時熄滅遠道初聞亦俱驚愕

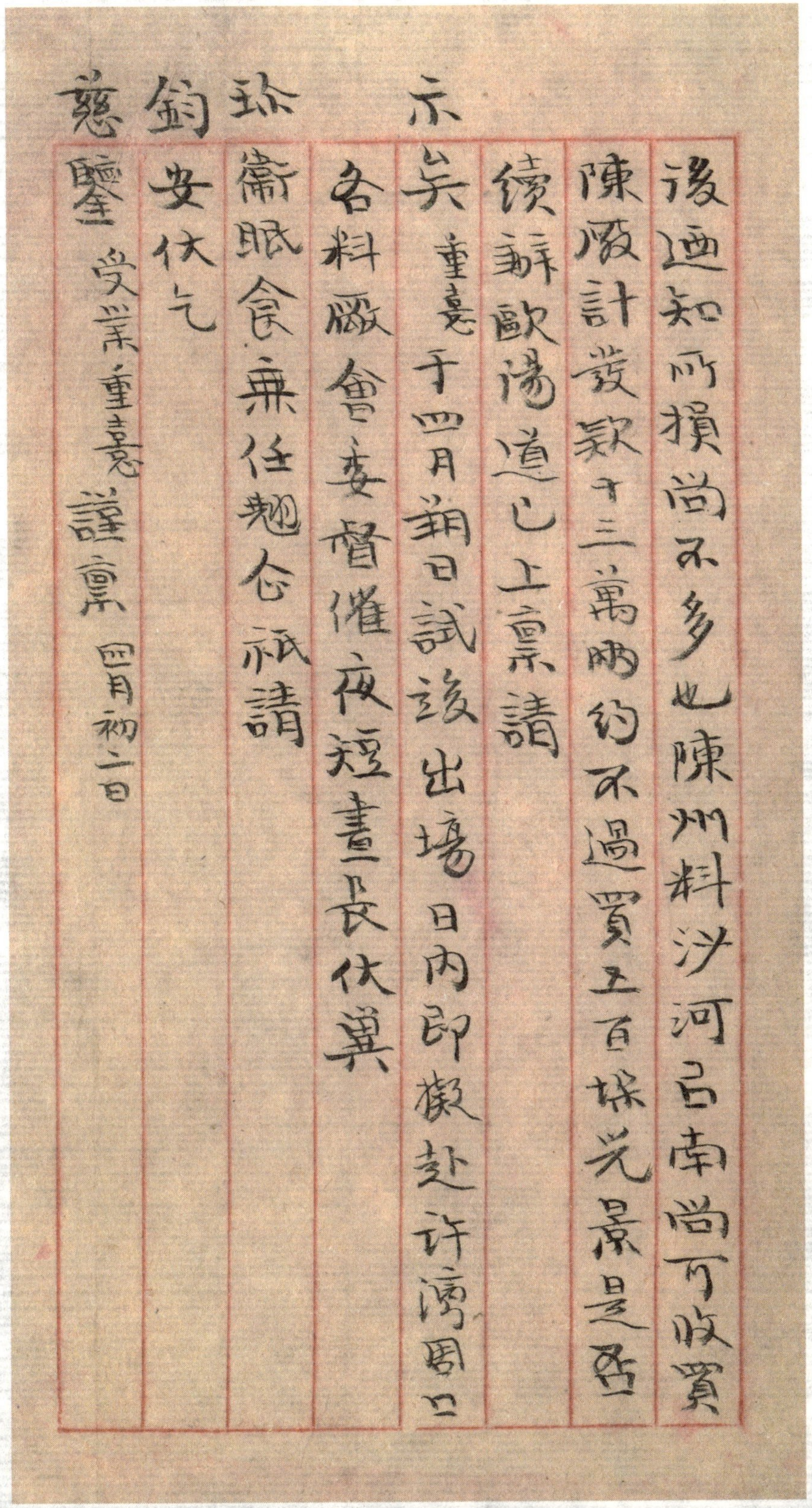

後通知所損尚不多也陳州料沙河已南尚可收買
陳廠計發款十三萬兩約不過買五百垛光景是否
續辦歟湯道已上禀請
示
吳重熹于四月朔日試後出場日内即擬赴許灣周口
各料廠會妥督催夜短晝長伏冀
珍衛眠食兼任翹企祗請
鈞安伏乞
慈鑒 受業重熹謹禀 四月初二日

洪鈞（一八三九－一八九三），字陶士，號文卿，江蘇吳縣人。同治進士，狀元。歷官內閣學士、兵部左侍郎、總理衙門大臣。曾出使俄、德等國。熟諳西北輿地，於元始致力尤深。著有『元始譯文補正』。

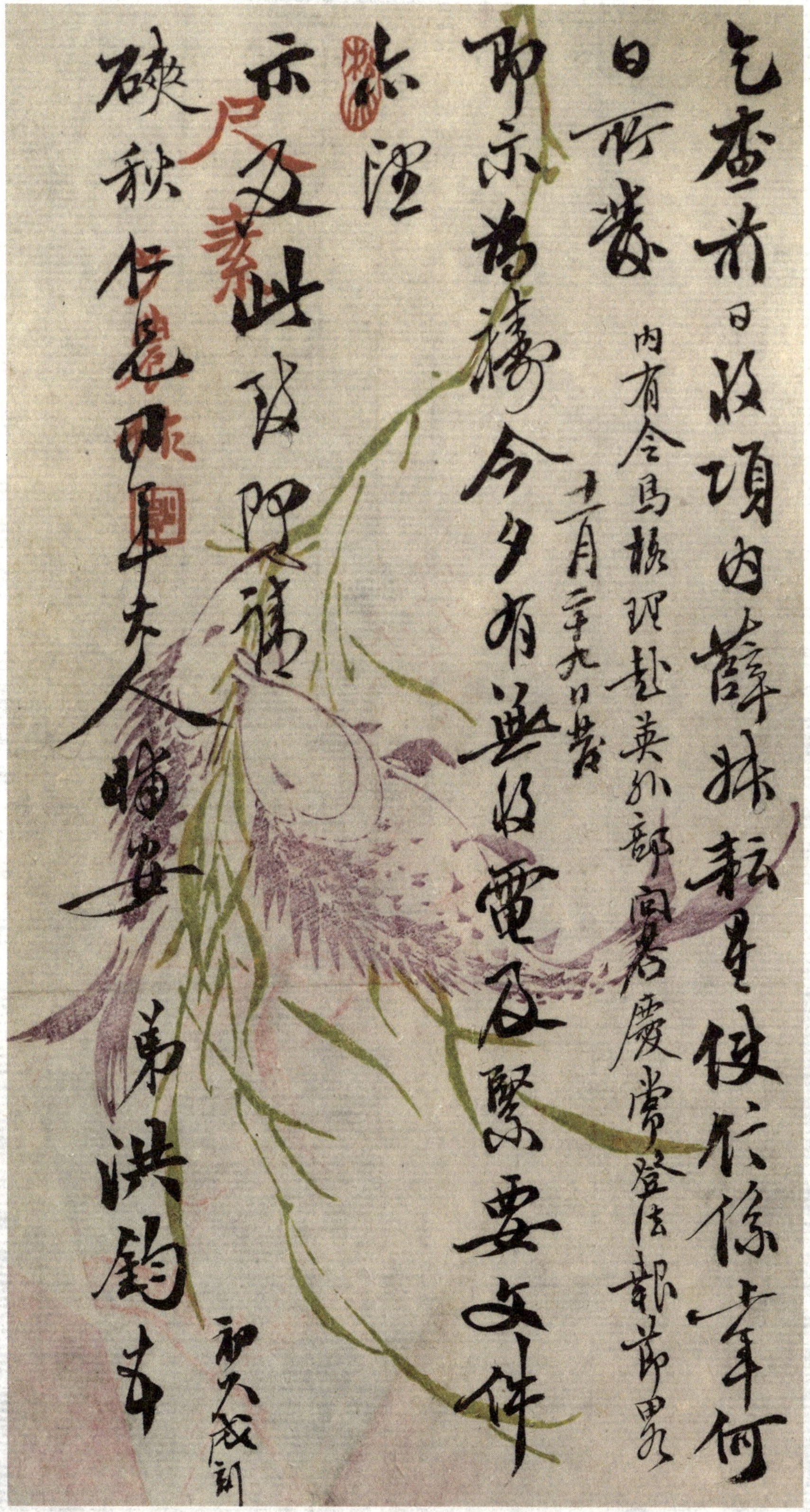
乞查前日收頃由薛林転寄使館信係本年何日所發
內有令馬格理赴英外部商君慶常登法部節略
十一月二十九日發
即示為祷今夕有無收電及緊要文件
亦逕
示及此致即請
硤秋仁兄大人晴安
弟洪鈞頓首
初八戌刻

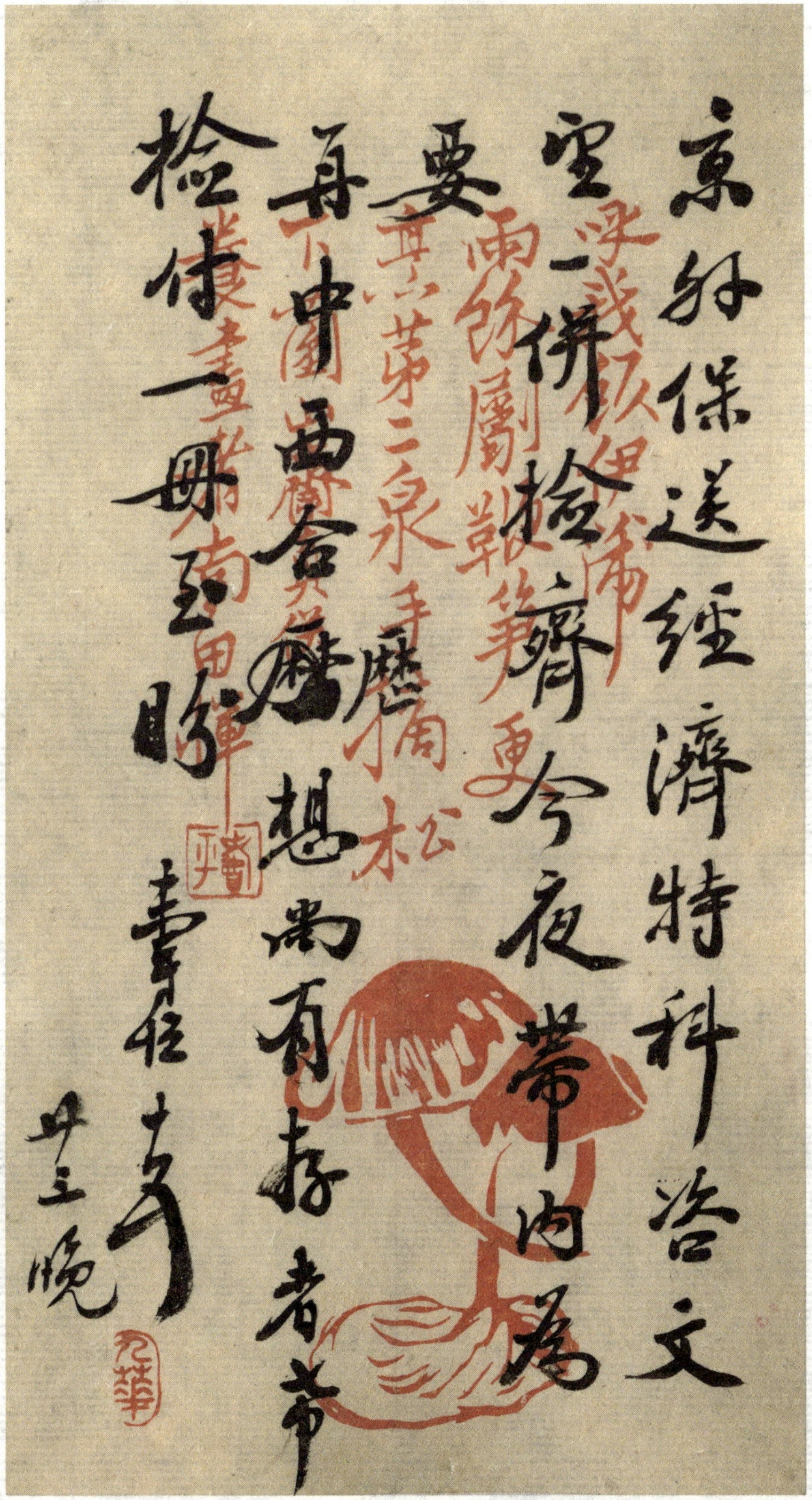
京報保送經濟特科咨文
望一併檢齊今夜帶內為
要
再中西合曆想尚有存者希
檢付一冊至盼
壽恒手上
廿三晚

廖壽恒（一八三九－一九〇三），字仲山，晚號抑齋，江蘇嘉定人。同治進士，歷官左都御史、刑部尚書、禮部尚書、軍機大臣、總理衙門大臣。

徐壽朋（一八三九－一九〇一）字進齋，直隸清苑人，本籍浙江紹興。早年捐貲入仕，擅長洋務交涉。曾任駐美、西、秘三國使館參贊、首任出使朝鮮大臣。官至外務部左侍郎。

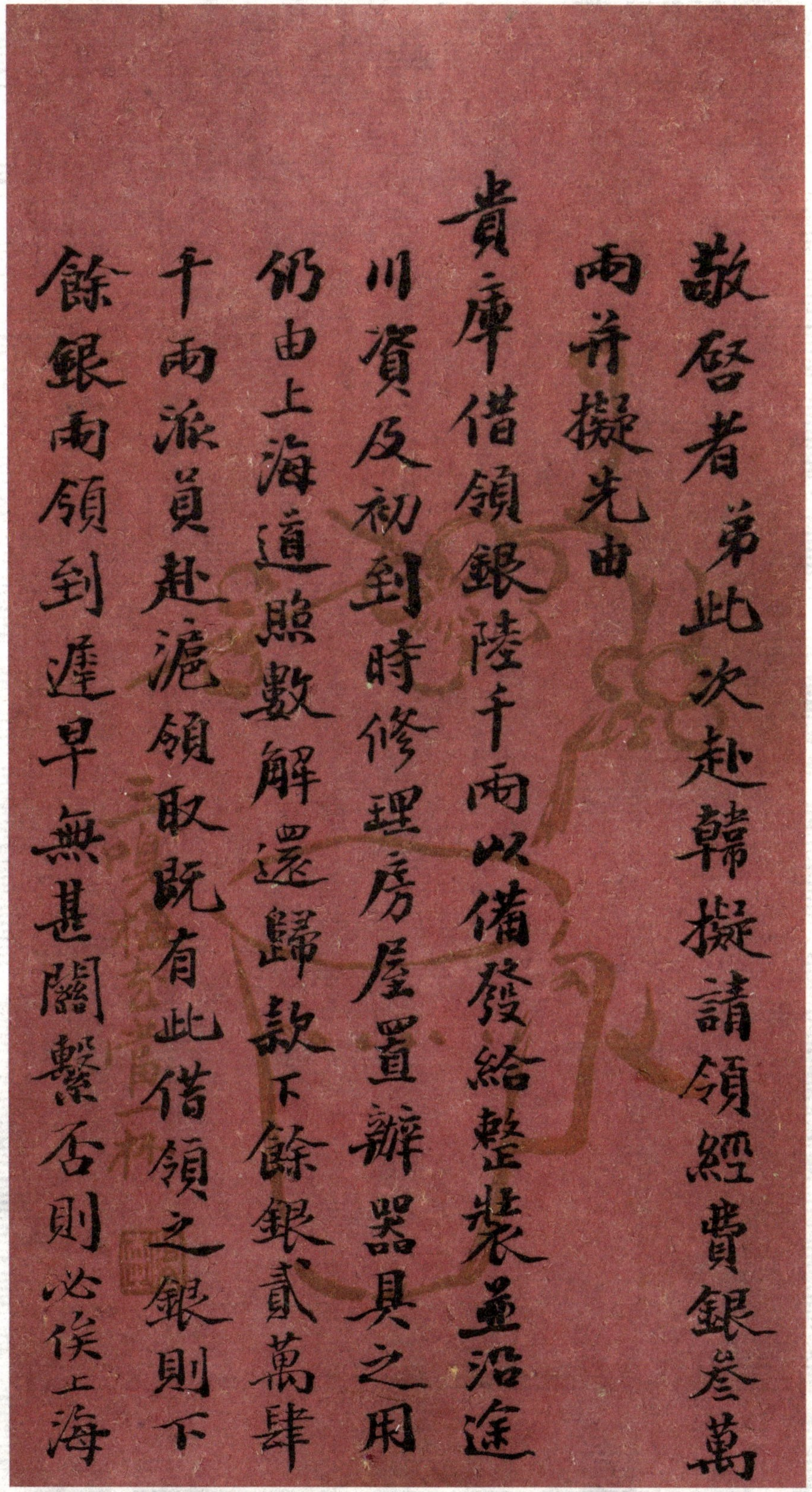
敬啓者弟此次赴韓擬請領經費銀叁萬
兩并擬先由
貴庫借領銀陸千兩以備發給整裝並沿途
川資及初到時修理房屋置辦器具之用
仍由上海道照數解還歸款下餘銀貳萬肆
千兩派員赴滬領取既有此借領之銀則下
餘銀兩領到遲早無甚關繫否則必俟上海

近代史所藏

清代名人書札墨蹟

六四

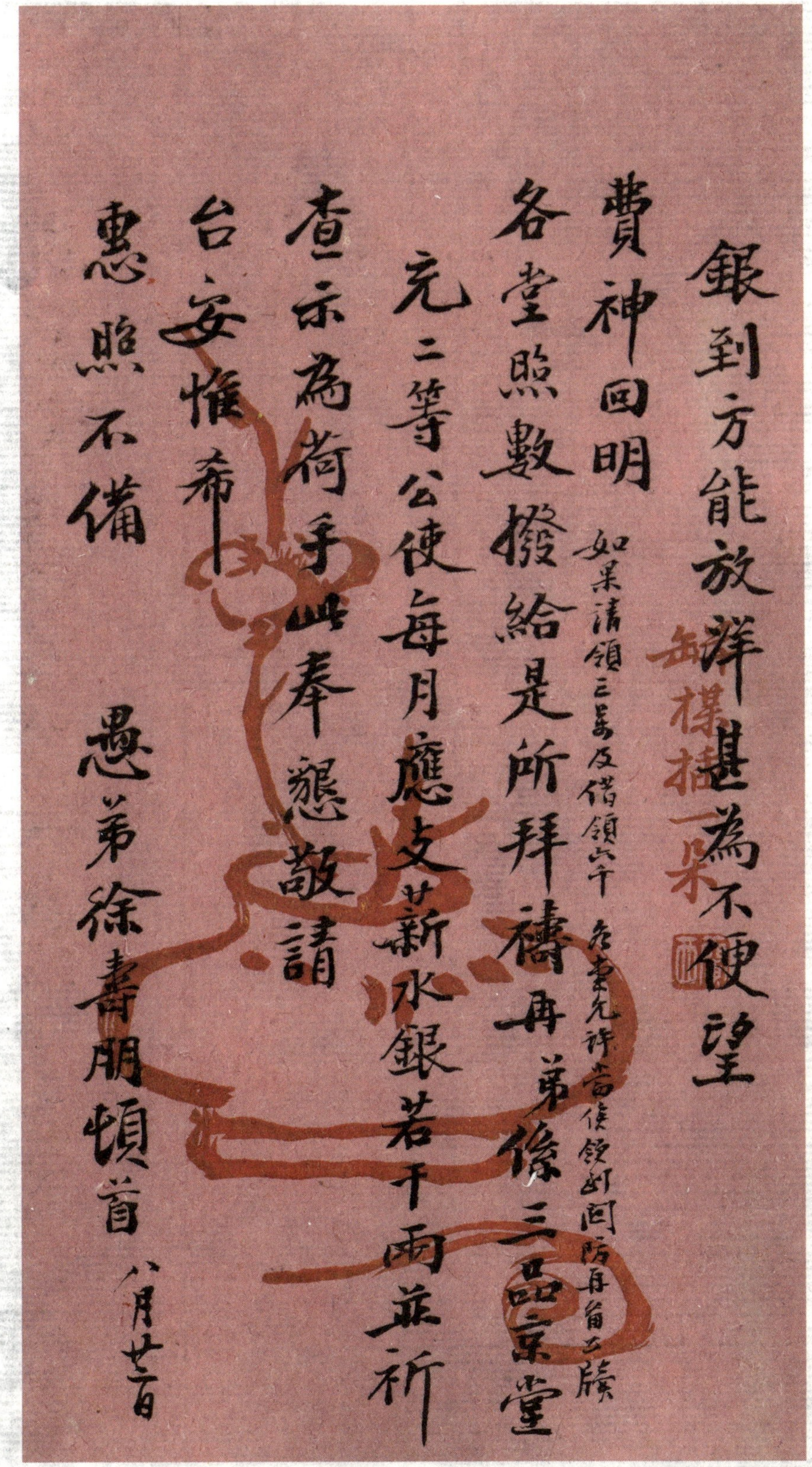
銀到方能放洋甚為不便望
費神回明
如果請領三萬及借領六千各堂允許當俟領到關防再肅公牘
各堂照數撥給是所拜禱再弟係三品京堂
充二等公使每月應支薪水銀若干兩並祈
查示為荷手此奉懇敬請
台安惟希
惠照不備
愚弟徐壽朋頓首　八月廿七日

奕譞（一八四〇－一八九一），號樸園，愛新覺羅氏，道光帝第七子。光緒帝生父，進封醇親王。

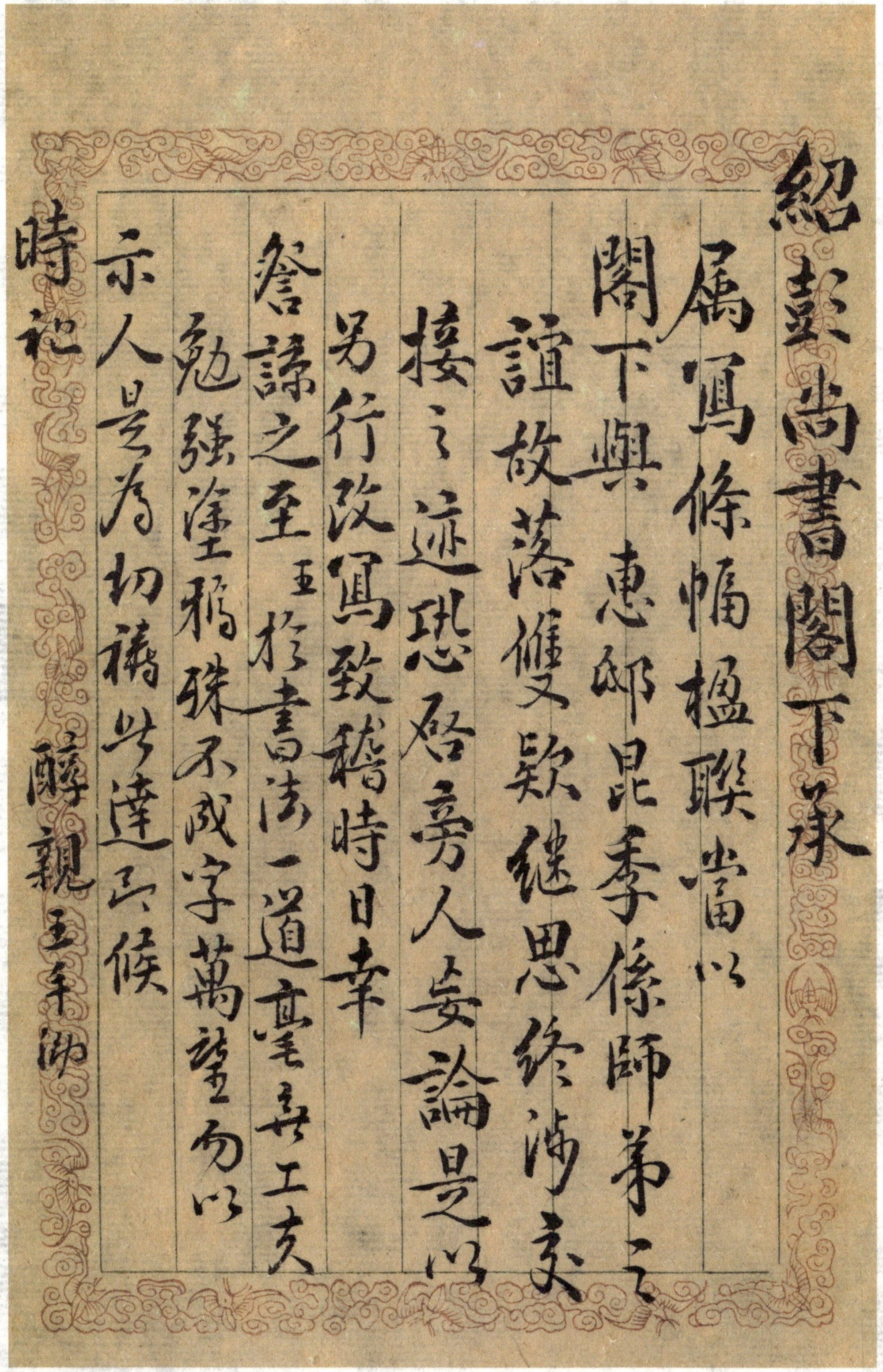

紹彭尚書閣下承
屬寫條幅楹聯當以
閣下與惠邸昆季係師弟之
誼故落雙款繼思終涉交
接之迹恐啟旁人妄論是以
另行改寫致稽時日幸
詧諒之至 玉於書法一道毫無工夫
勉强塗鴉殊不成字萬望勿以
示人是爲切禱此達正候
時祉 醇親王手泐

近代史所藏

清代名人書札墨蹟

六五

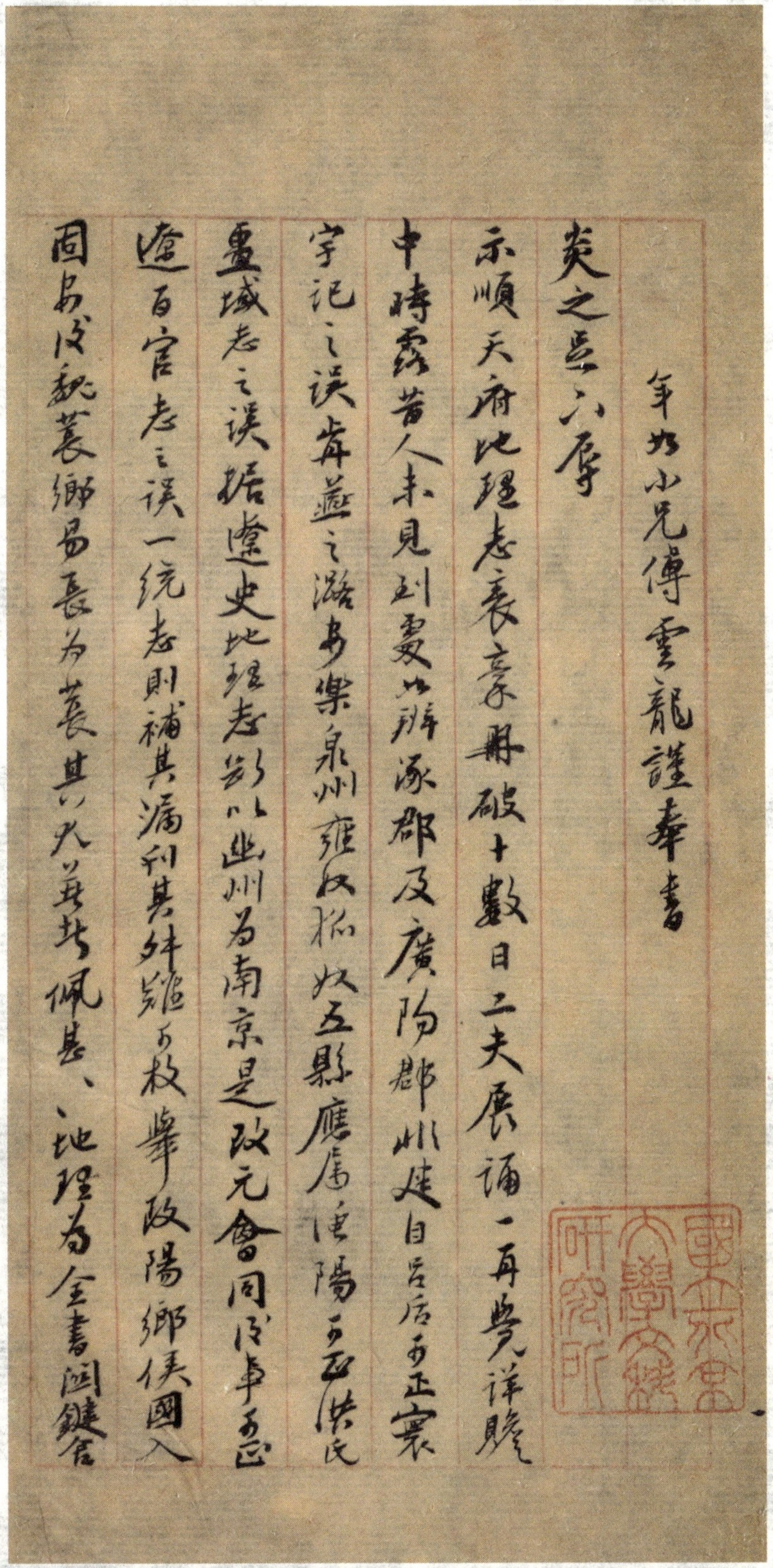

年姻小兄傅雲龍謹奉書
炎之五六弟
示順天府地理志表稿冊破十數日工夫展誦一再覺詳贍
中時露昔人未見到處如辨涿郡及廣陽郡州廷自古在今正定
宇記之誤辨燕之潞易樂泉州雍奴狐奴五縣應屬漁陽而非洪氏
畫域志之誤據遼史地理志此以幽州爲南京是改元會同後事而正
遼百官志之誤一統志則補其漏列其外雖亦收舉政陽鄉侯國入
固安以秋義鄉爲長爲義其以大義出佩長、地理爲全書關鍵者

傅雲龍（一八四〇－一九〇一）字懋元，號醒夫，浙江德清人。清末道員，擅長洋務交涉。曾游歷日本、美國、秘魯、智利、巴西等國，搜集各國地理、風貌、物產、資源等資料，編寫圖志多部。

此間從下手，前輯長牋之初亦嘗涉思其千慮，敢質所疑。境之
分合難矣。如陰鄉、玉河、廣平三縣，宜謂以此依一統志入宛平。寰
宇記陰鄉漢舊縣，志舊地理書並失所在，蓋薊縣南界良鄉
縣東界固安縣北界者三縣交入之地，故今宛平縣西至良鄉界
百九十里，南至固安界九十里，西即良鄉之東，南即固安之北，良鄉
東至宛平界二十里，固安北至宛平界十八里，均未毗連大興地理
韵編今釋陰鄉今宛平縣西南，方輿紀要玉河在縣西四十里，本
薊縣地，今宛平亦薊縣地也。大興西至宛平界僅三里許，合二縣則

二

宛平在西。韵編玉河在宛平縣西四十里，與紀要合。天寶元年
析薊地置廣寧、廣平二縣，三載均省入薊。時尚無幽都名，廣寧
未詳。至德後復置廣平，尋省。據地似當入幽都，幽都亦薊縣地。紀要
云省廣平入薊，或未之晰言耳。宋志謂宛平為廣平，其治舊名
而謂與韵編廣平今宛平縣西，據此則三縣均不當入大興。又改
會昌為永清，在唐天寶元年，縣表于開元元年列會昌縣，恐非。宋
景祐二年省永清，移文安治廣霸州。金天會三年始復永清，則
宋宣和五年燕山府廣陽郡不當復列永清。府表得毋傳誤，采

三

近代史所藏
六六

近代史所藏

清代名人書札墨蹟

用舊志者檢原書是
大箸所表殊亦係有未當者如第一句禹貢冀州之域就職所見出
晉地理志似不當據一統志又魏志建安十八年詔復九州注引獻帝
春秋省幽并州以其郡國為冀州寰宇記後立幽州方輿紀要建
安中省漁陽入冀改復幽州省漁陽實建安時乃魏武漢臣難
言朝代通州表列魏武府表又列為魏文所誤又考晉幽州注
漁陽建安十有入燕國是也但建安稱燕國為廣陽郡唐置三
河在開元四年一統志表亦能府表領縣于景龍三年常云元 四

年列三河並注云析潞縣置均誤外此志表間殊府縣或異凡百 五
有二十處箋商不贅謹出三罵恐轉不無誤識此
明眼辨之總之窮搜古人益友之道為
君多閱甫恥下問固貢所疑特懇兆直
進而教之至幸之人物志擬頌寫來視於身心兆宜深功計也
先鍚指南總以鍼砭是所望于 足下 來使藉達鬯
此西敬詢
著安 無任神馳 雲龍 頓

六七

王之春（一八四二—一九〇六），字爵棠，號椒生，湖南清泉人。歷官山西巡撫、安徽巡撫、廣西巡撫。諳洋務，曾出訪日本、俄國。

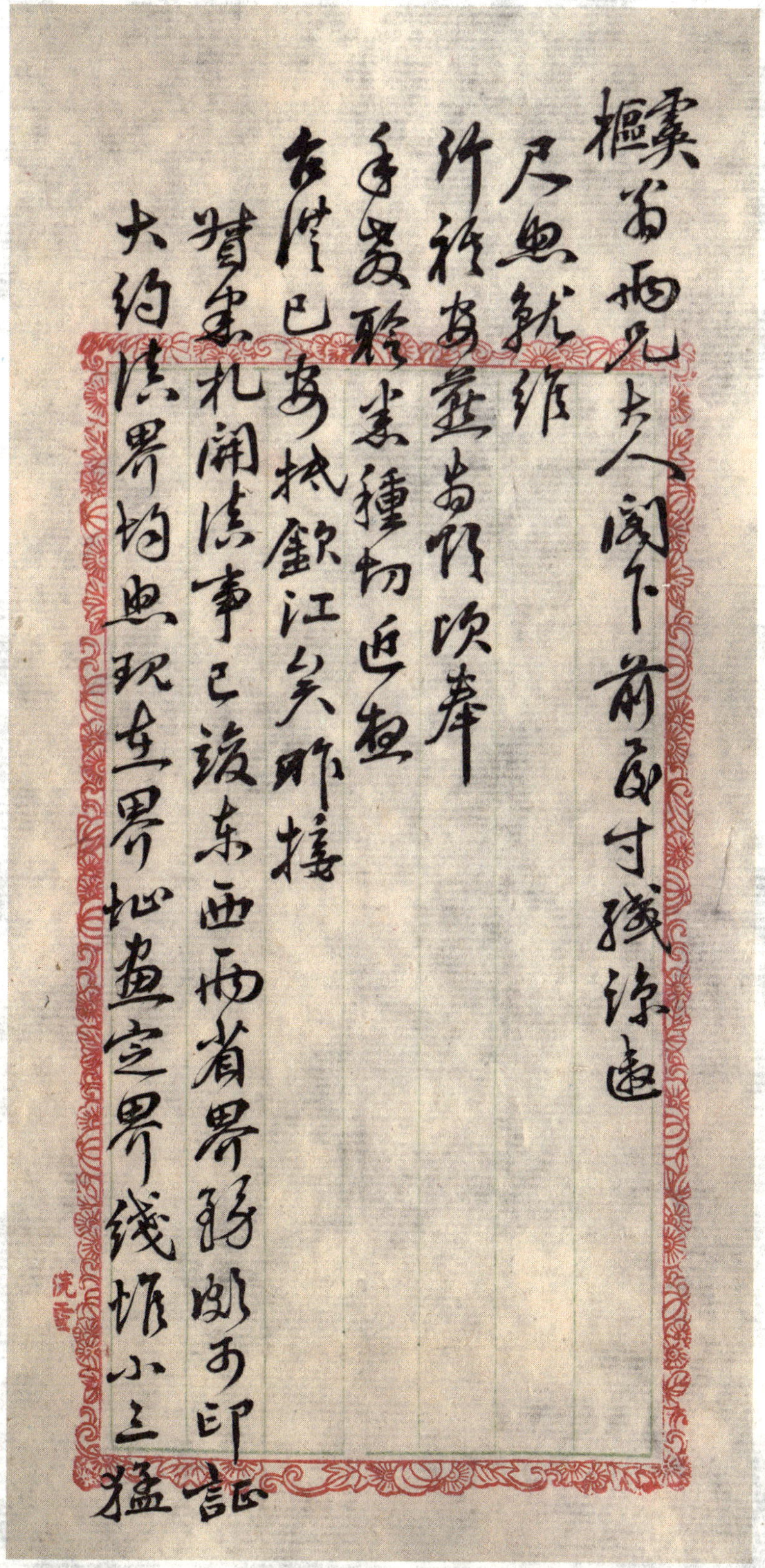

近代史所藏

六八

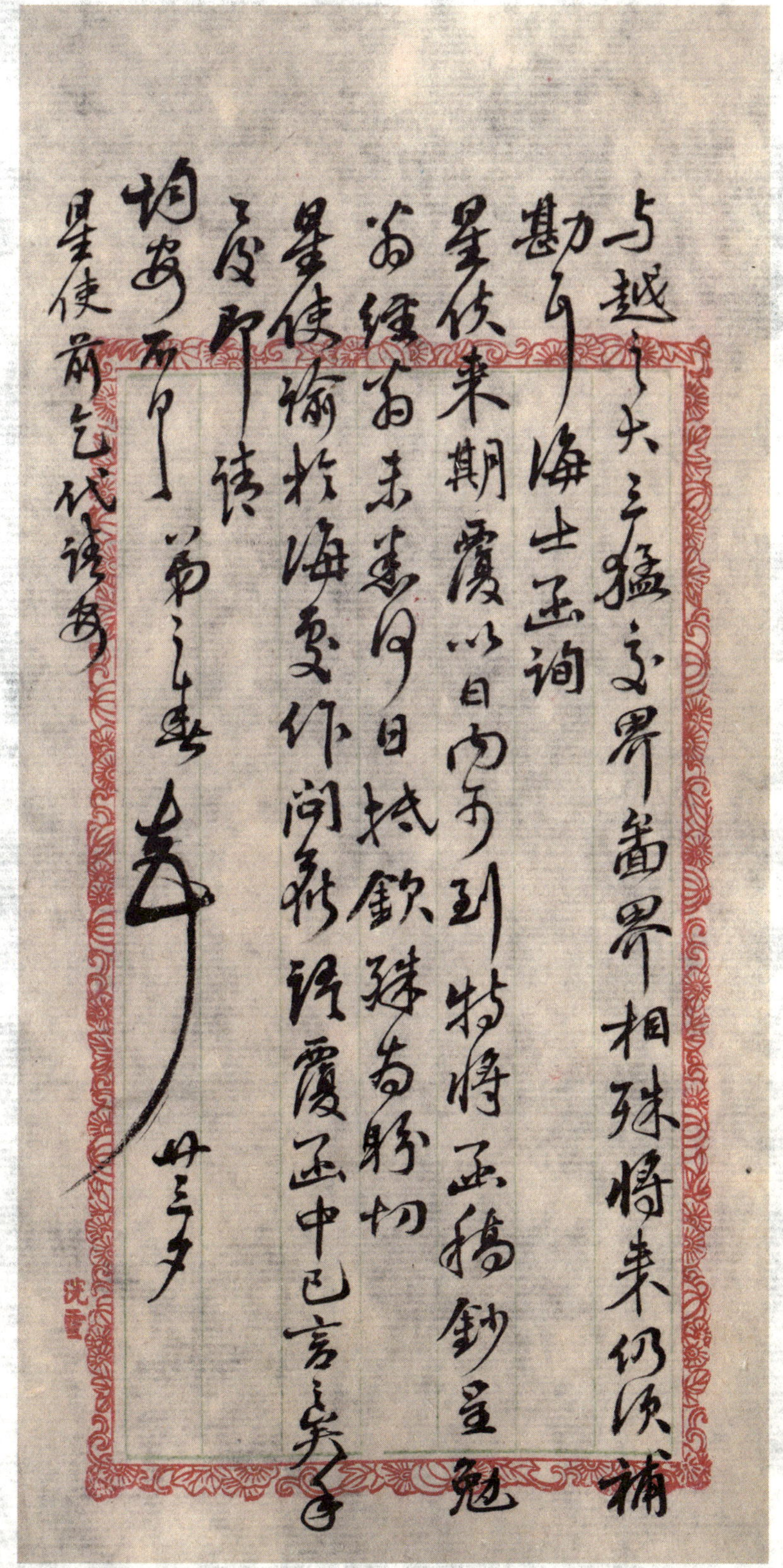

近代史所藏

王懿榮（一八四五—一九〇〇），字正孺，號蓮生，也作廉生，山東福山人。光緒進士，官至國子監祭酒。金石學家，被譽爲甲骨文之父。庚子年八國聯軍攻陷北京時殉難，謚文敏。

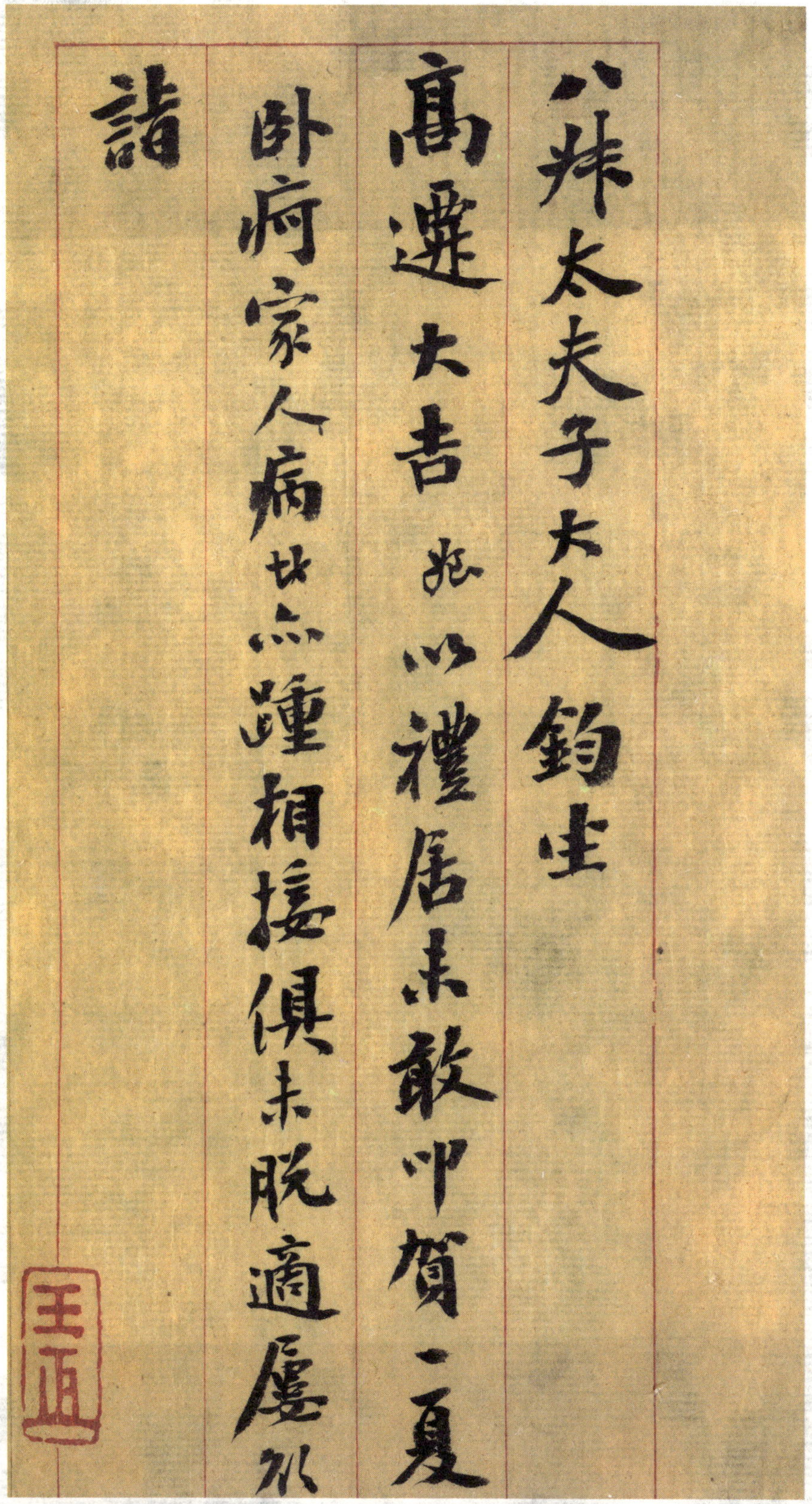
八丈太夫子大人鈞坐
高遷大吉，抱以禮居未敢叩賀。一夏
卧疴，家人病者亦踵相接，俱未脫適，屢欲
詣

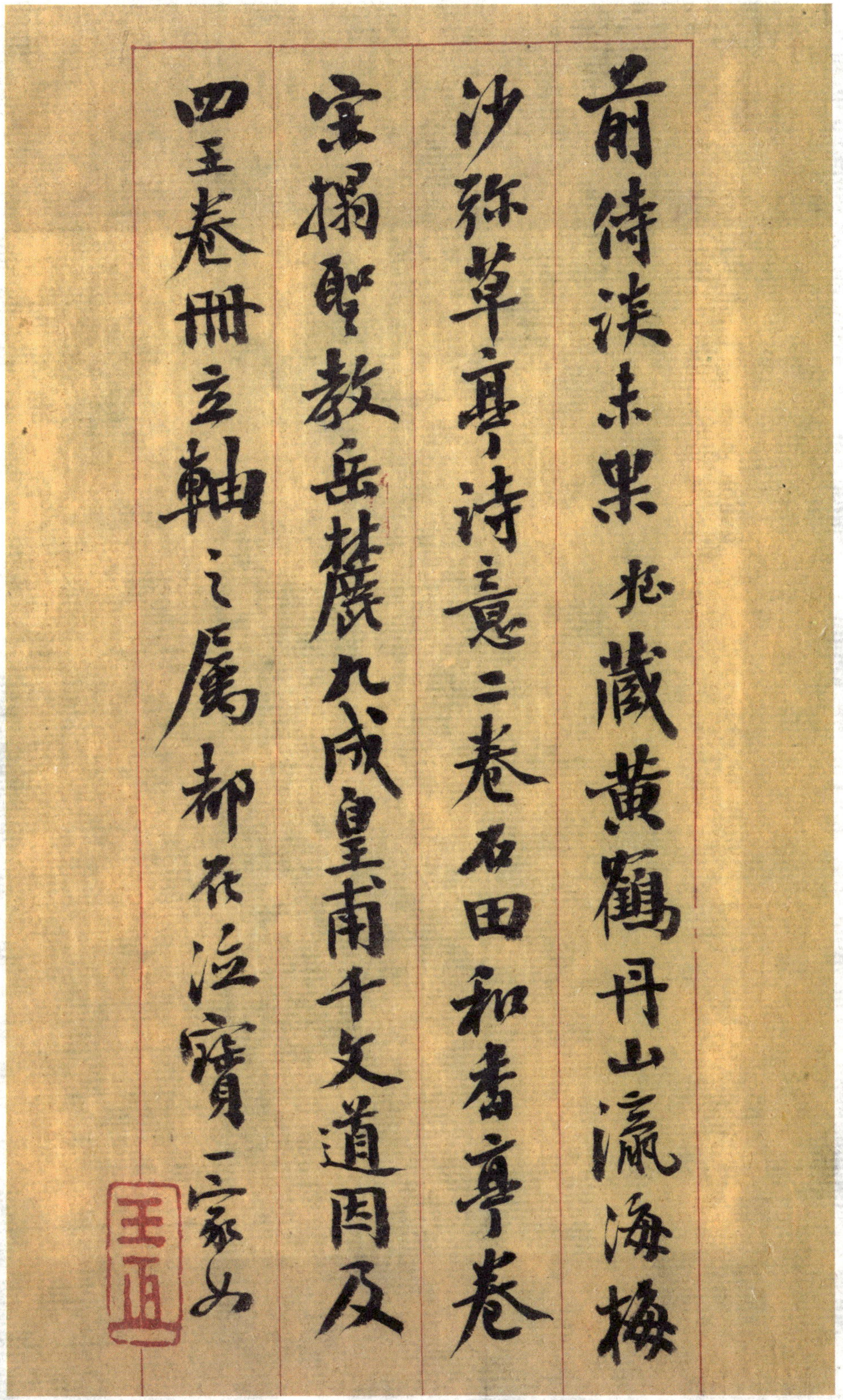
前侍談未果。抱藏黃鶴、丹山、瀛海、梅
沙彌、草亭詩意二卷，石田和香亭卷，
宋搨聖教、岳麓、九成、皇甫、千文、道因及
四王卷冊立軸之屬，都在泣寶一家如

六九

近代史所藏

清代名人書札墨蹟

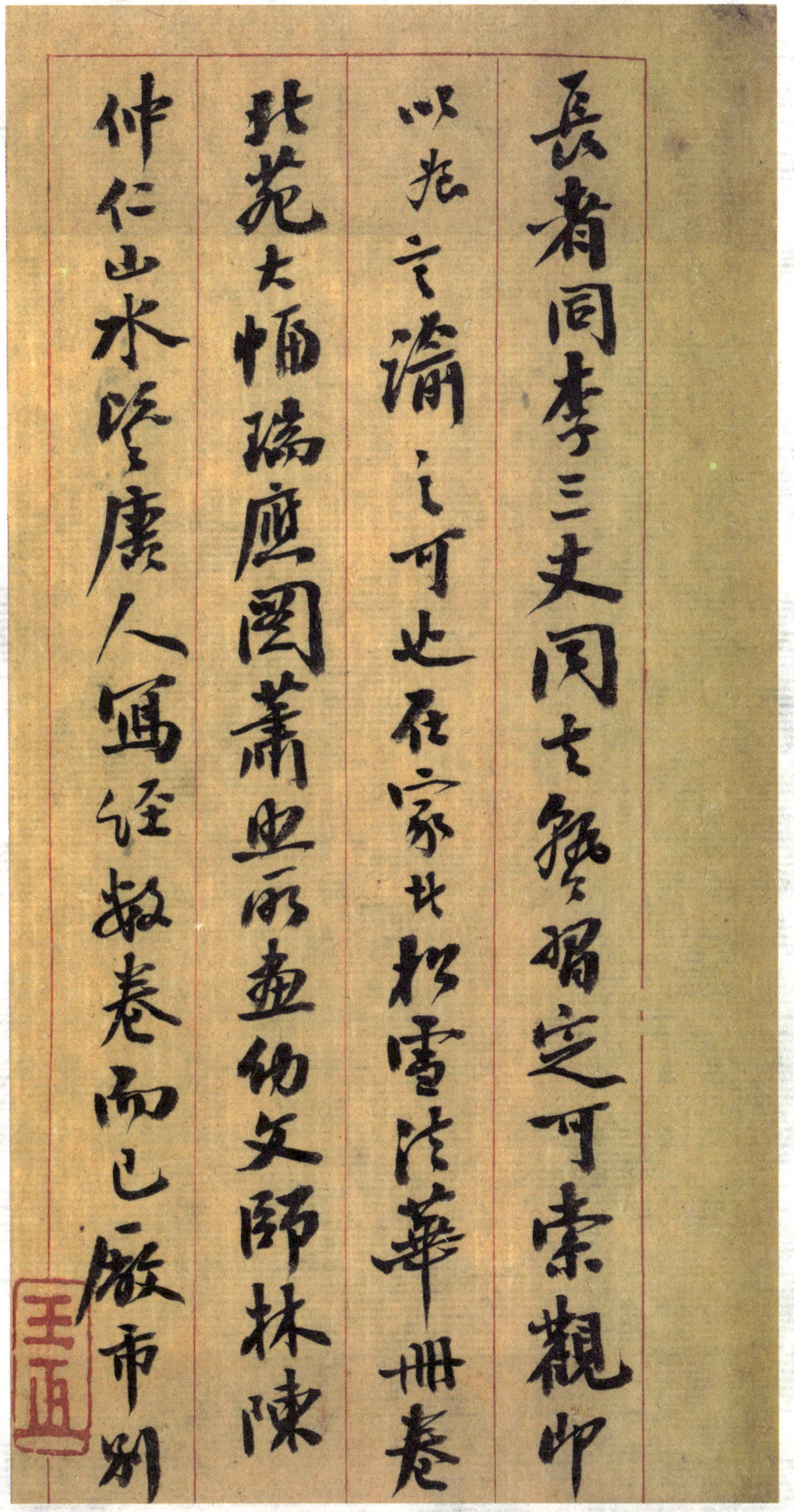
長者同李三丈閱之然後定可索觀也
以老之諭之可也在家此松雪法華冊卷
此苑大幅瑞應圖蕭照所畫仿文師林陳
仲仁山水竪庚人寫經數卷而已敝帚別

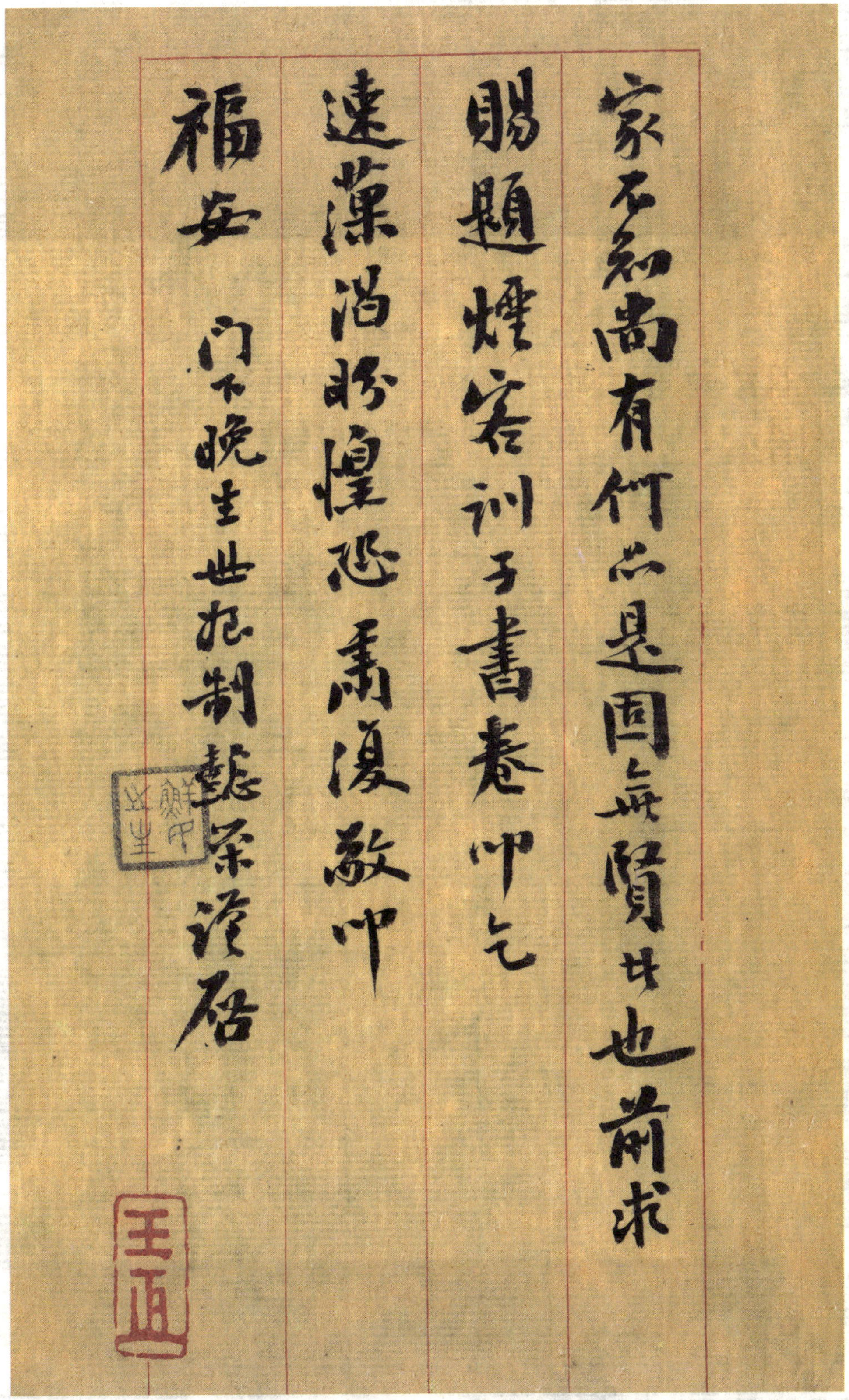
家不知尚有何物是同無賢者也前求
賜題煙客訓子書卷叩乞
速藻酒將惶恐肅復敬叩
福安
門下晚生世抱制懿榮謹啓

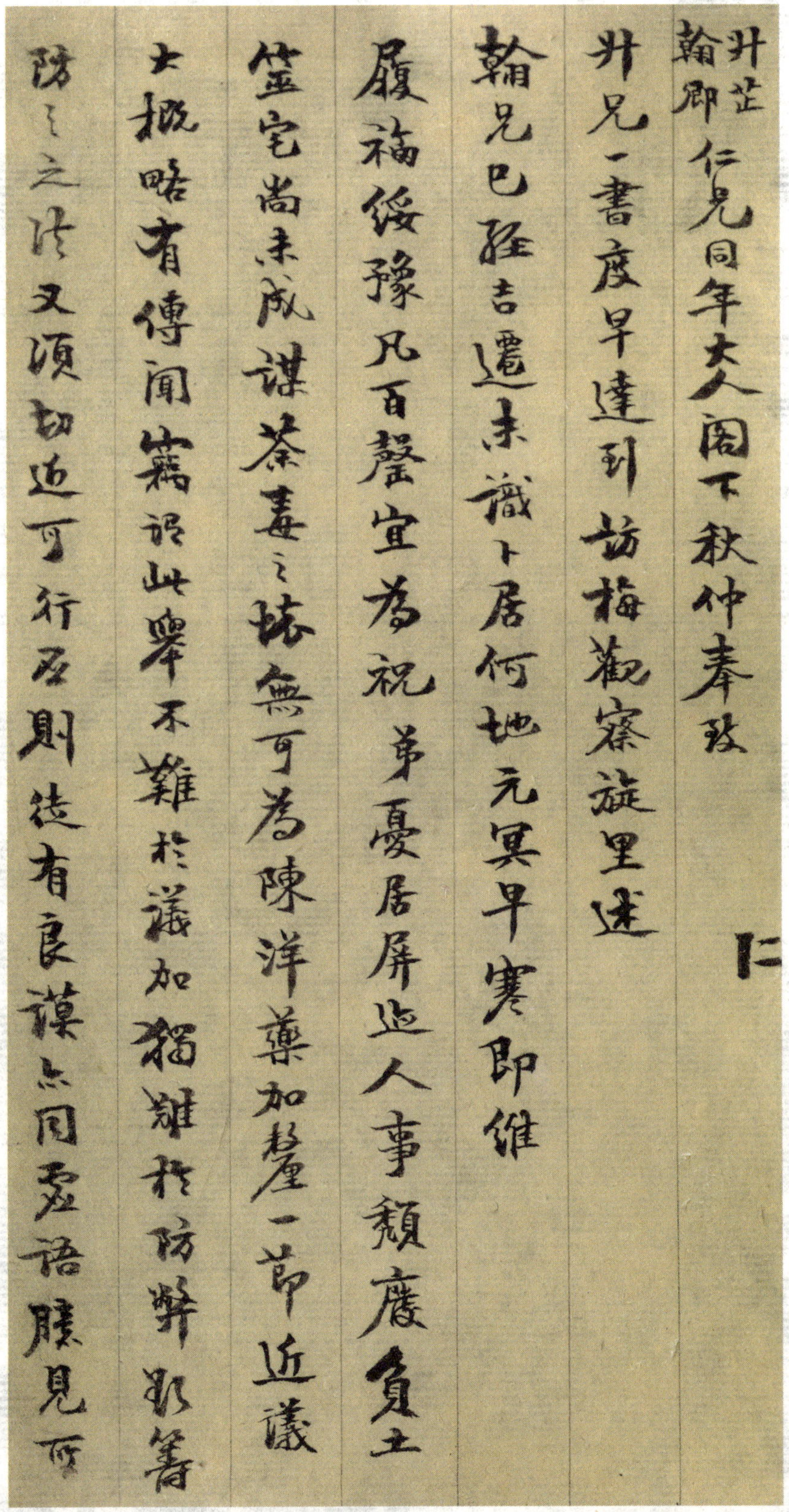
廾芷翰卿仁兄同年大人閣下：秋仲奉致
廾兄一書，度早達到。訪梅觀察旋里，述
翰兄已經吉還，未識卜居何地。元冥早寒，即維
履福綏豫，凡百馨宜為祝。弟憂居屏迹，人事頹廢，負土
筮宅尚未成，謀荼毒之懷無可為陳。洋藥加釐一節，近議
大概略有傳聞。竊謂此舉不難於議加，獨難於防弊。取籌
防之之法又須切近可行，否則徒有良謨，亦同虛語。曉見所

許景澄（一八四五—一九〇〇），字竹筼，一作竹筠，浙江嘉興人。同治進士。歷任駐法、德、意、荷、奥、比六國公使，官至工部左侍郎、總理衙門大臣。有《許文肅公遺稿》傳世。

清代名人書札墨蹟

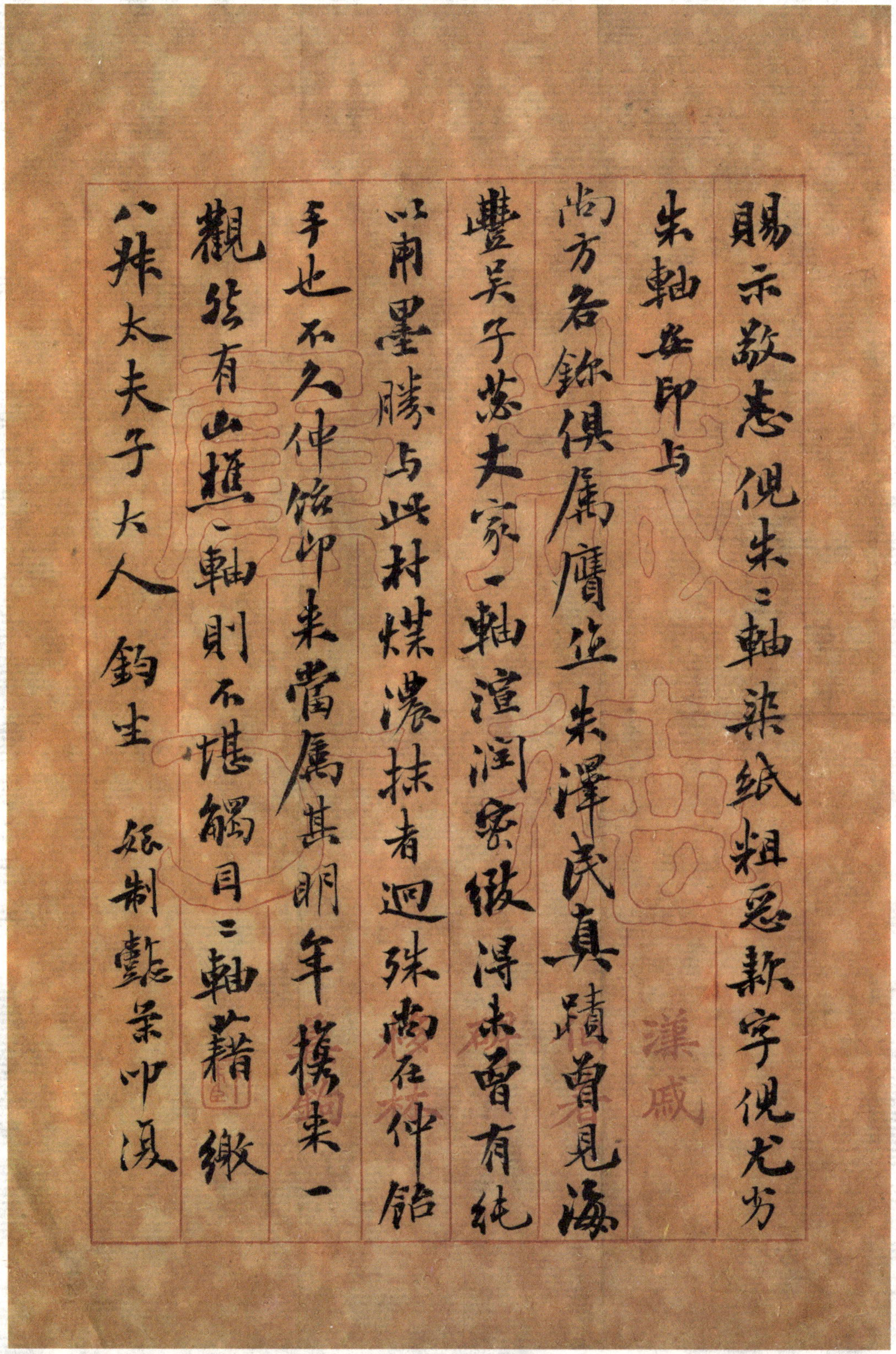
賜示敬悉。倪朱二軸，染紙粗惡，款字倪尤劣。
朱軸並印與
尚方名鈐俱屬贋作。朱澤民真蹟曾見海
豐吳子茂大家一軸，渲潤密緻，得未曾有，純
以兩墨勝，與此村煤濃抹者迥殊。尚在仲銘
手也，不久仲銘即來，當屬其明年攜來一
觀。然有山樵一軸，則不堪觸目，二軸藉繳。
八兄太夫子大人 鈞生 姻制懿采叩泐

七一

近代史所藏
七二

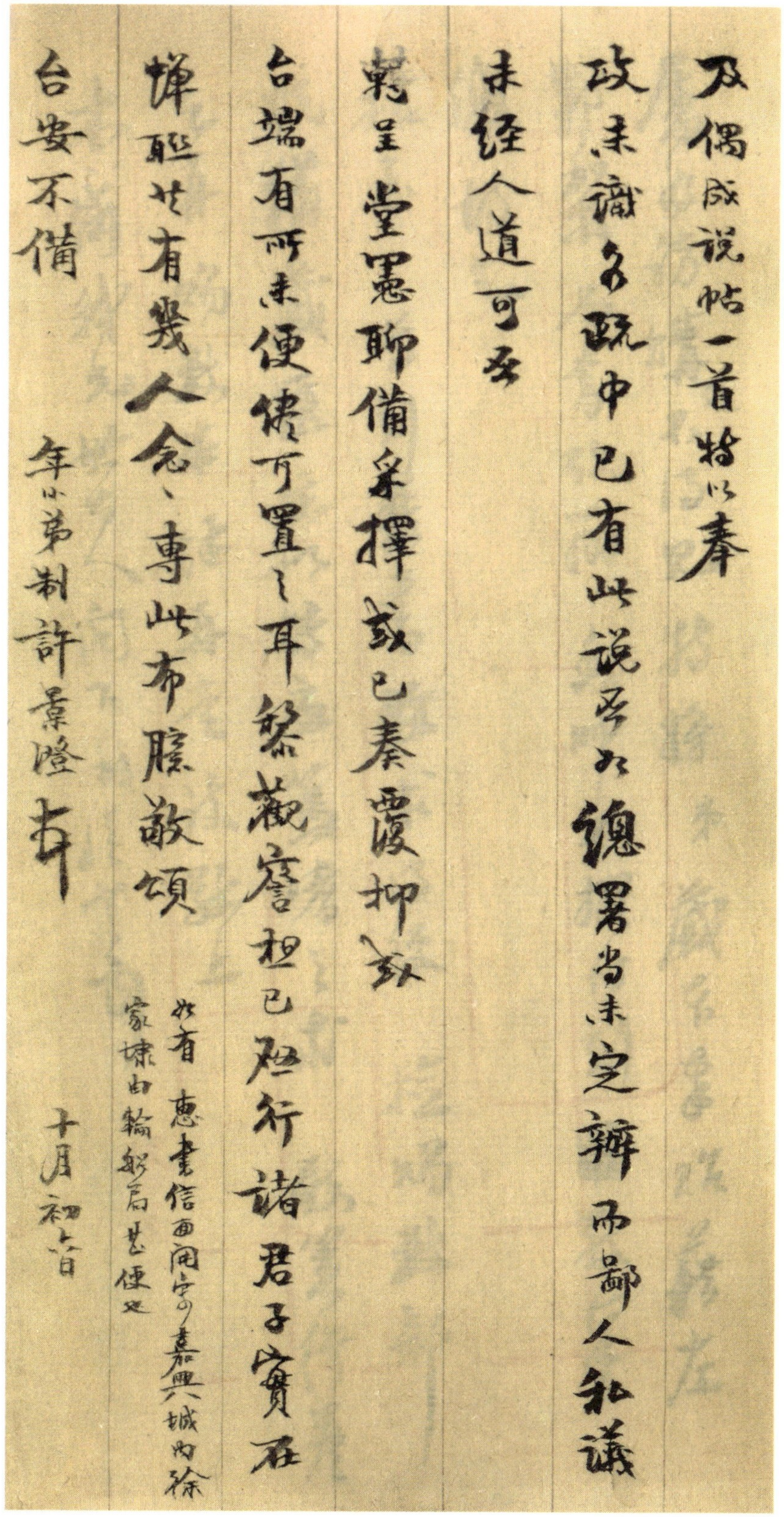

及偶成說帖一首，特以奉
政。未識多疏中已有此說否？以總署尚未定辦，而鄙人私議
未經人道，可否
乾呈堂憲，聊備采擇？或已奏覆，抑欲
台端有所未便，俟可置之耳。祭甑詹想已起行，諸君子賓在
悼恥世有幾人，念念。專此布臆，敬頌
台安，不備。
年小弟制許景澄上
十月初六日
如有惠書信函，寄嘉興城內徐家埭由輪船局甚便也。

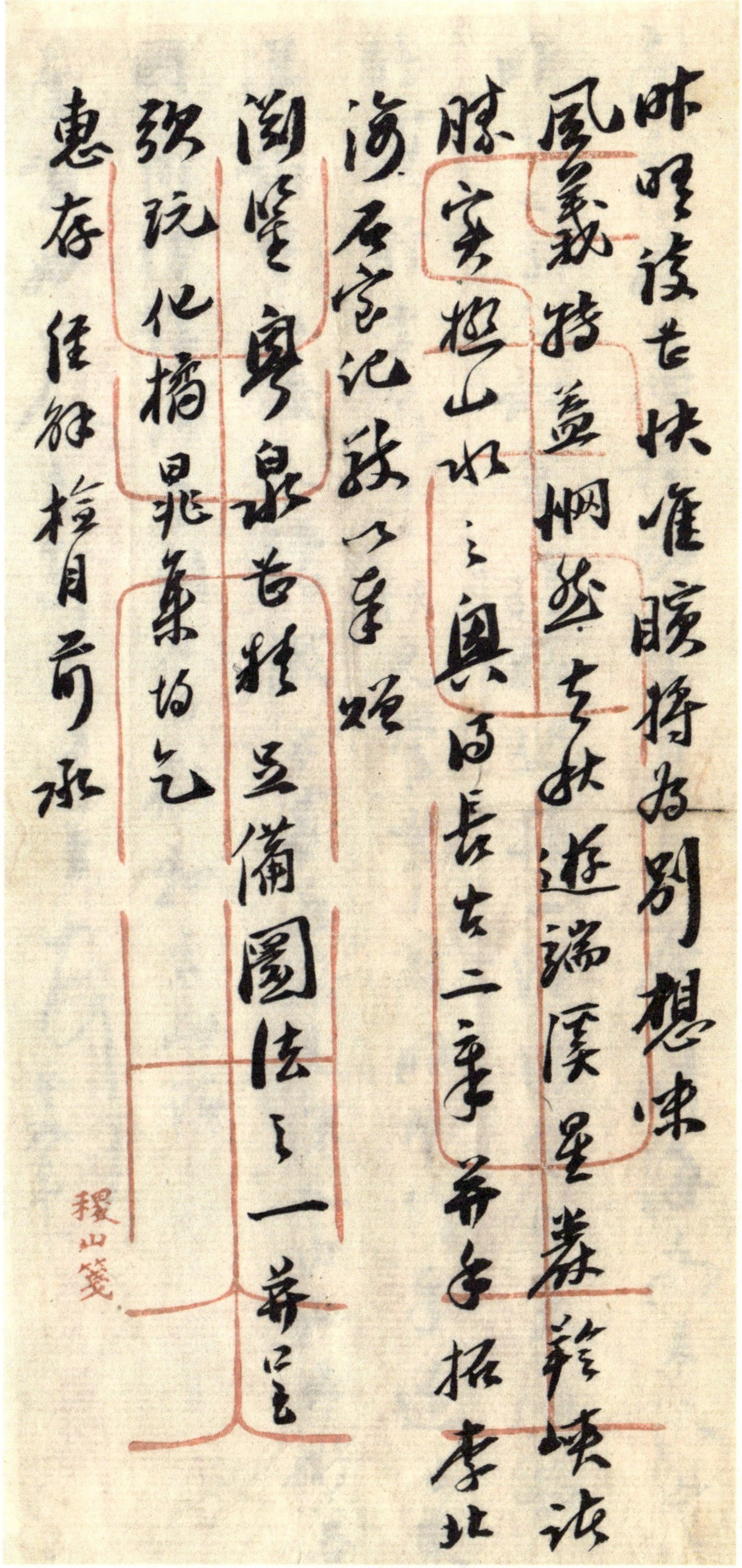

昨晤後甚快，惟瞬將爲別，想來
風義，特益惘然。去秋遊端溪星巖、羚峽諸
勝，實據山水之興，自長古二章，并拓李北
海石室記跋以奉贈。
湖叟粵泉書韓，并備圖法之一并呈
鑒玩。化摘鼎集均乞
惠存。[illegible]餘檢目前[illegible]承
稷山箋

陶濬宣（一八四六—一九一二），原名祖望，字文衡，號心雲，別號東湖居士，浙江會稽人。光緒舉人。書法家。

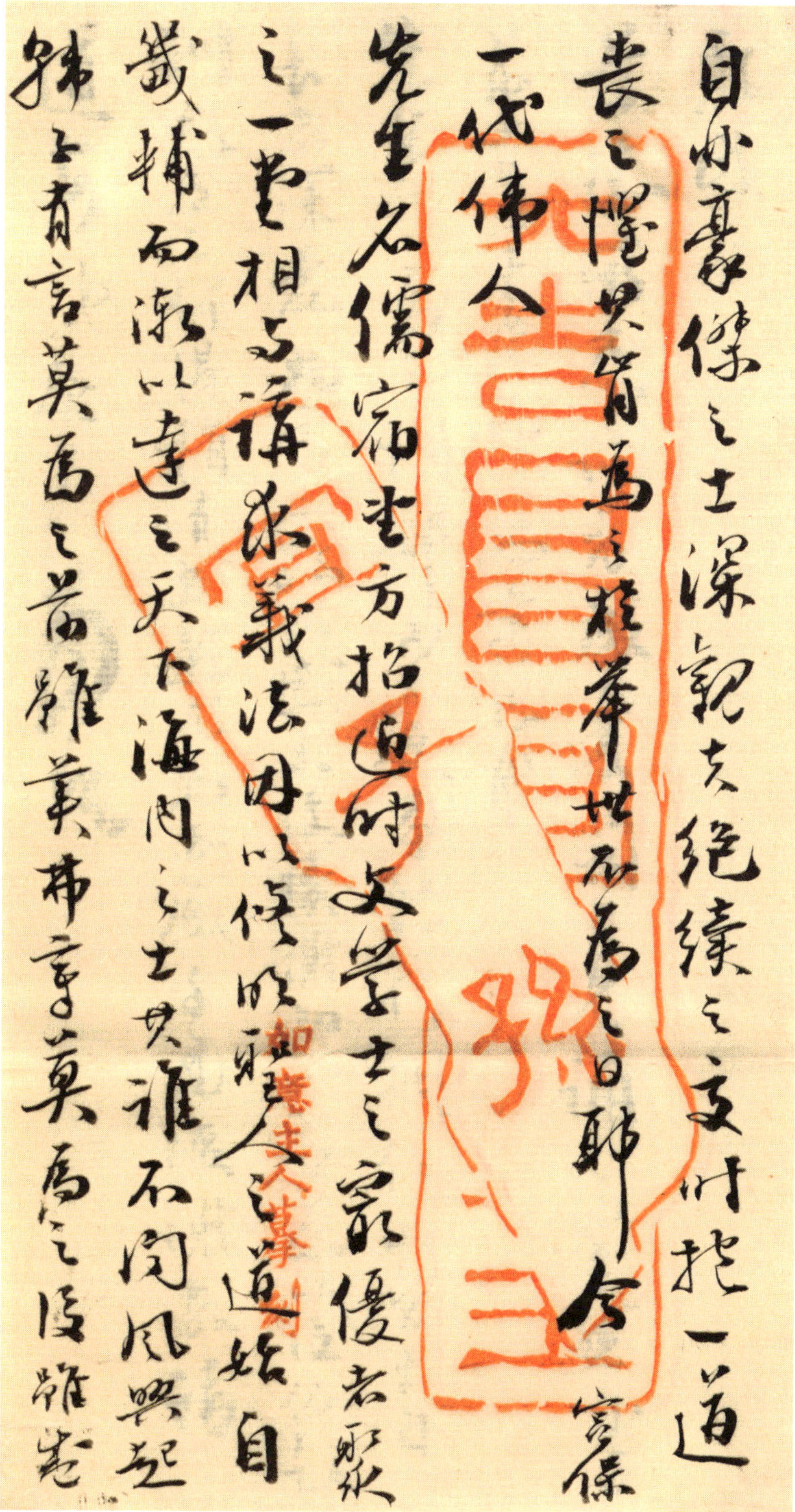

自來豪傑之士深觀夫絕續之交恃抱一道
表之懼其首為之推萃世任為之日聊令宗傑
一代偉人
先生名儒宿望方指迫時文學士之家優君聚
之一變相與講求義法因以使明理人之道始自
嶽輔而漸以達之天下海內之士其誰不聞風興起
錄上有言莫為之前雖美弗彰莫為之後雖盛

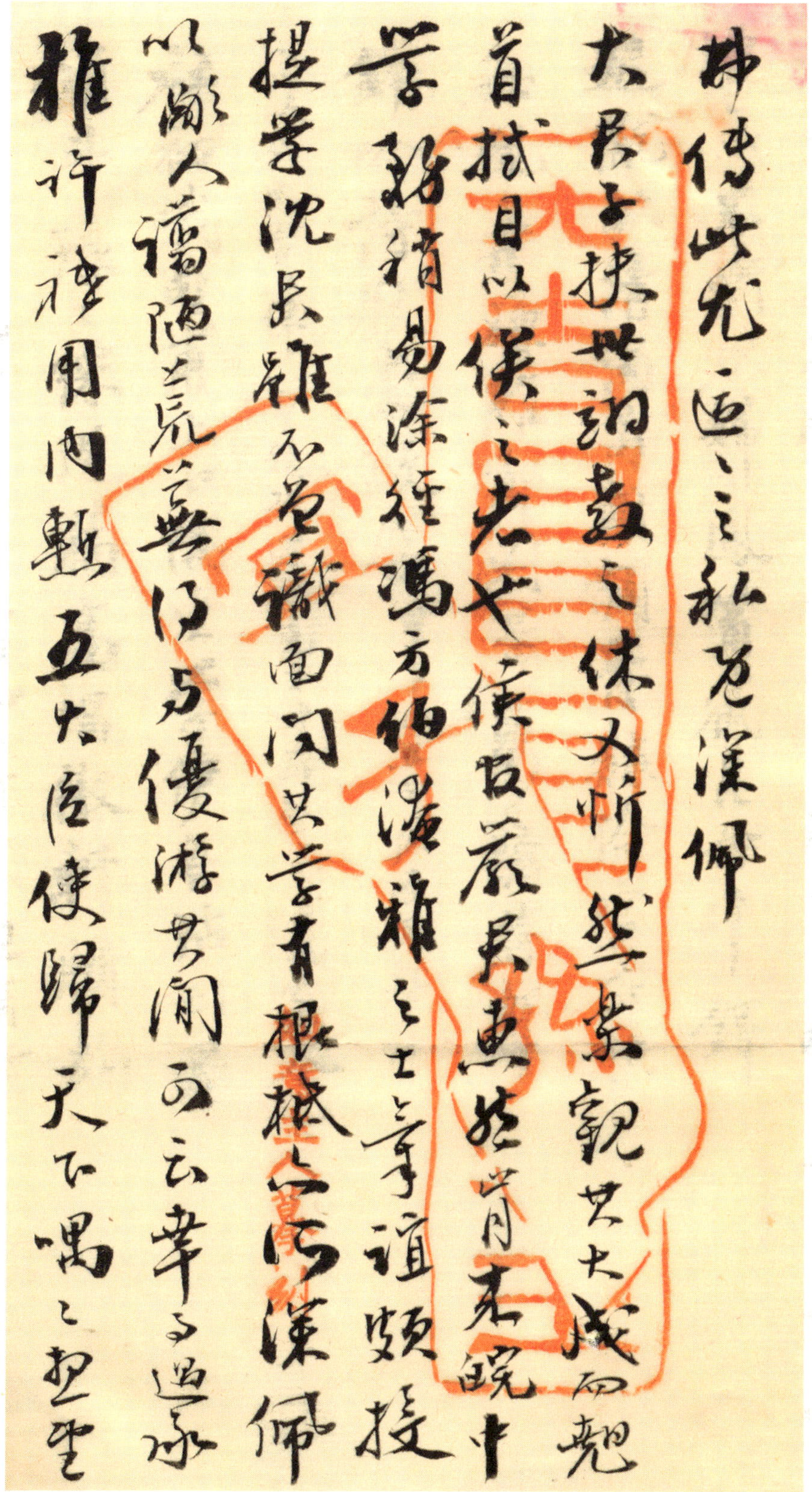

弗傳此先正之私所為深佩
大君子扶世翊教之休又所以然深觀其大成而勉
首拭目以俟之者也使者歲其由於月來皖中
學務精易涂經偶方伯淺雅之士之享誼頗接
提學沈君雖不曾識面聞其學有根柢亦深佩
以鄙人譾陋之荒無所可與優游其間而亦幸過承
推許神用內愧五大臣使歸天下喁喁之想望

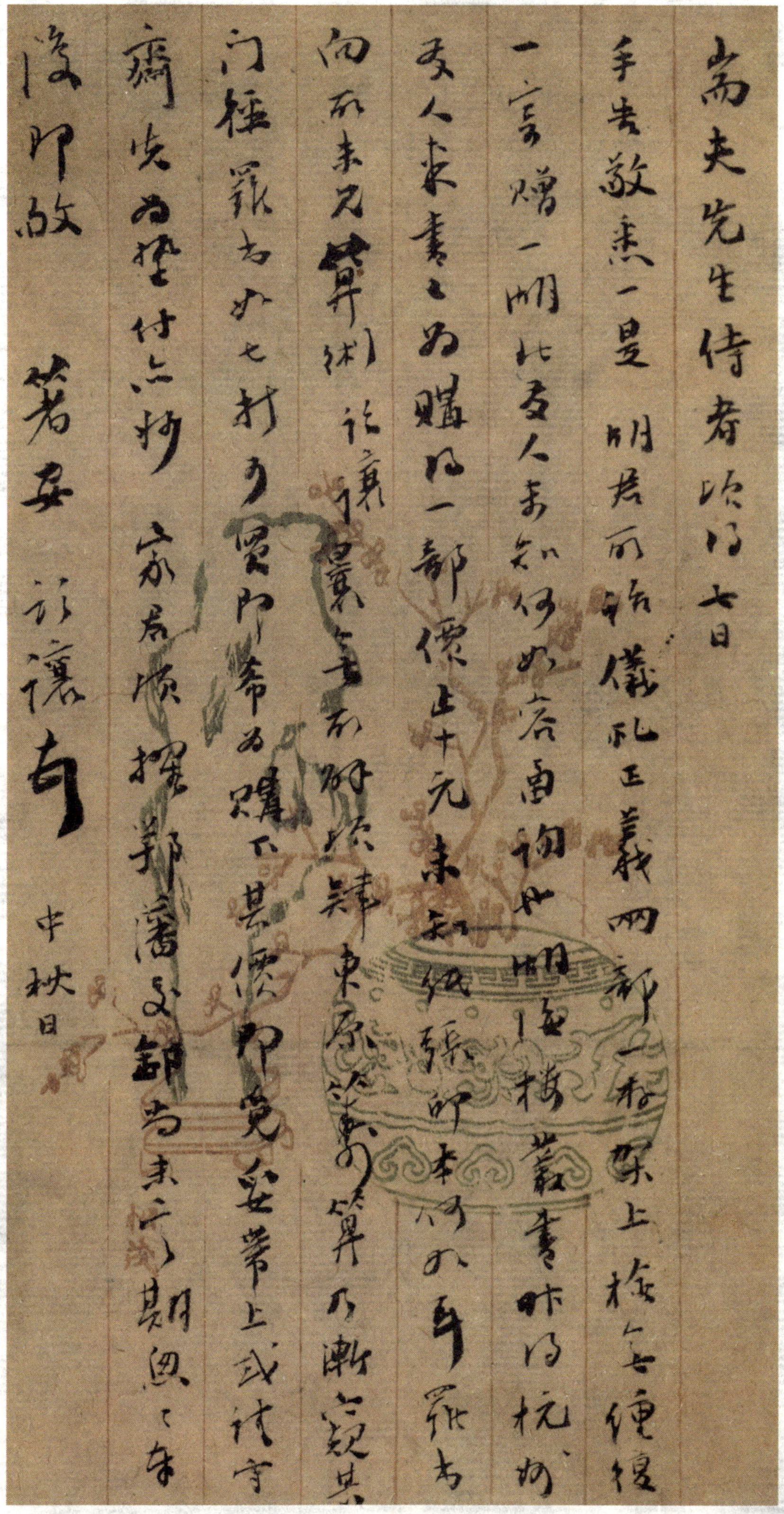

孫詒讓（一八四八—一九〇八），字仲容，別號籀廎，浙江瑞安人。同治舉人。經學家、文字學家。著有《周禮正義》《墨子閒詁》《古籀拾遺》《契文舉例》等。

近代史所藏

七七

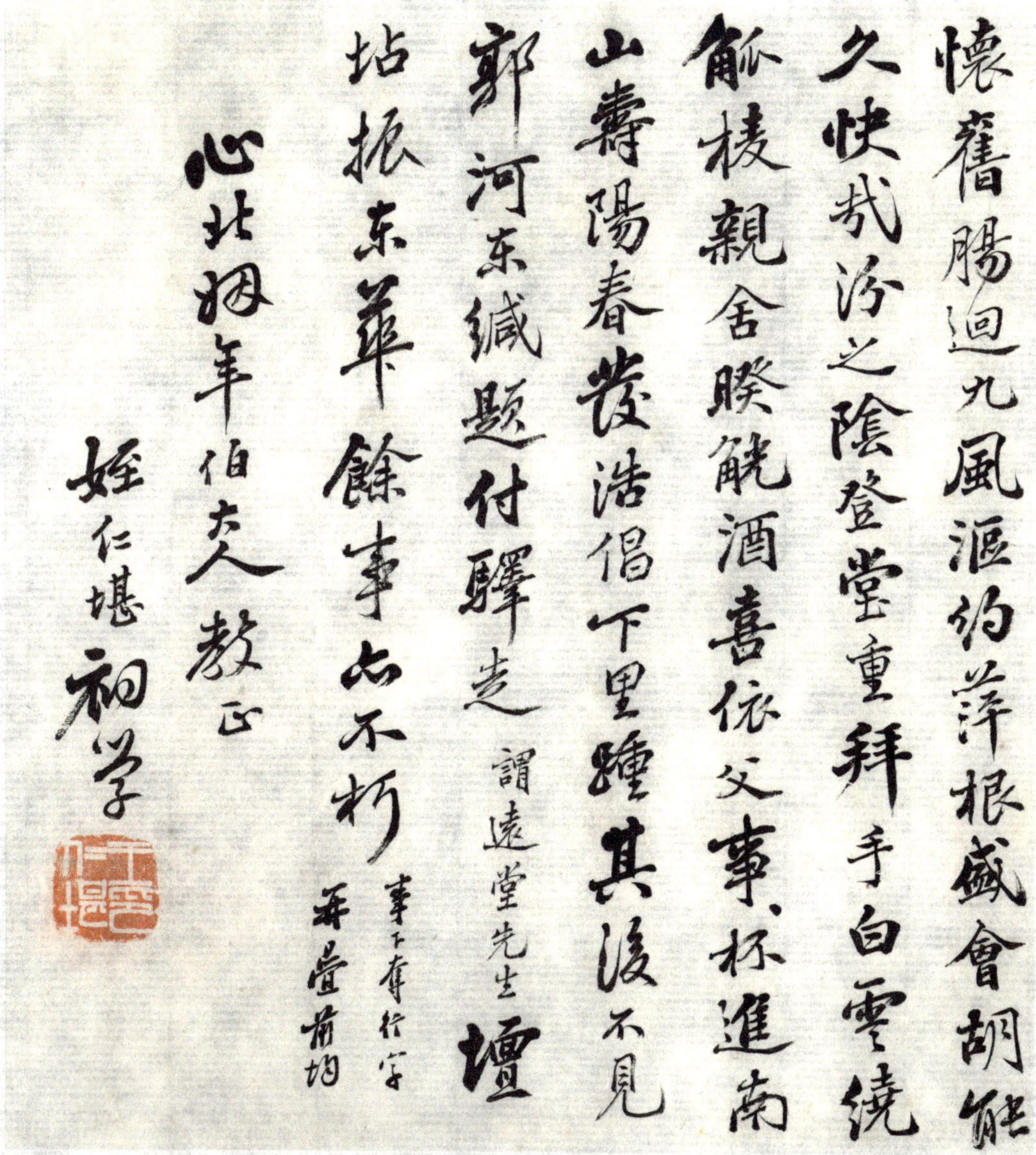
懷舊腸迴九風漚約萍根盛會胡能
久快哉汾之陰登堂重拜手白雲繞
觚棱親舍睠觥酒喜依丈事杯進南
山壽陽春發浩倡下里賡其後不見
郭河東緘題付驛遞 謂遠堂先生壇
坫振東華餘事亦不朽 事下奪仁字 再疊前均
心北羽年伯大人教正
姪仁堪祖學

[illegible]

[illegible]

[illegible]

[illegible]

[illegible]

[illegible]

[illegible]

[illegible]

[illegible]

清代名人畫札墨蹟

張佩綸（一八四八—一九〇三），字幼樵，號簣齋，直隸豐潤人，同治進士。歷官内閣侍講學士、左副都御史，中法甲申之役後被褫職，後入李鴻章幕。著有《潤于集》、《澗于日記》等。

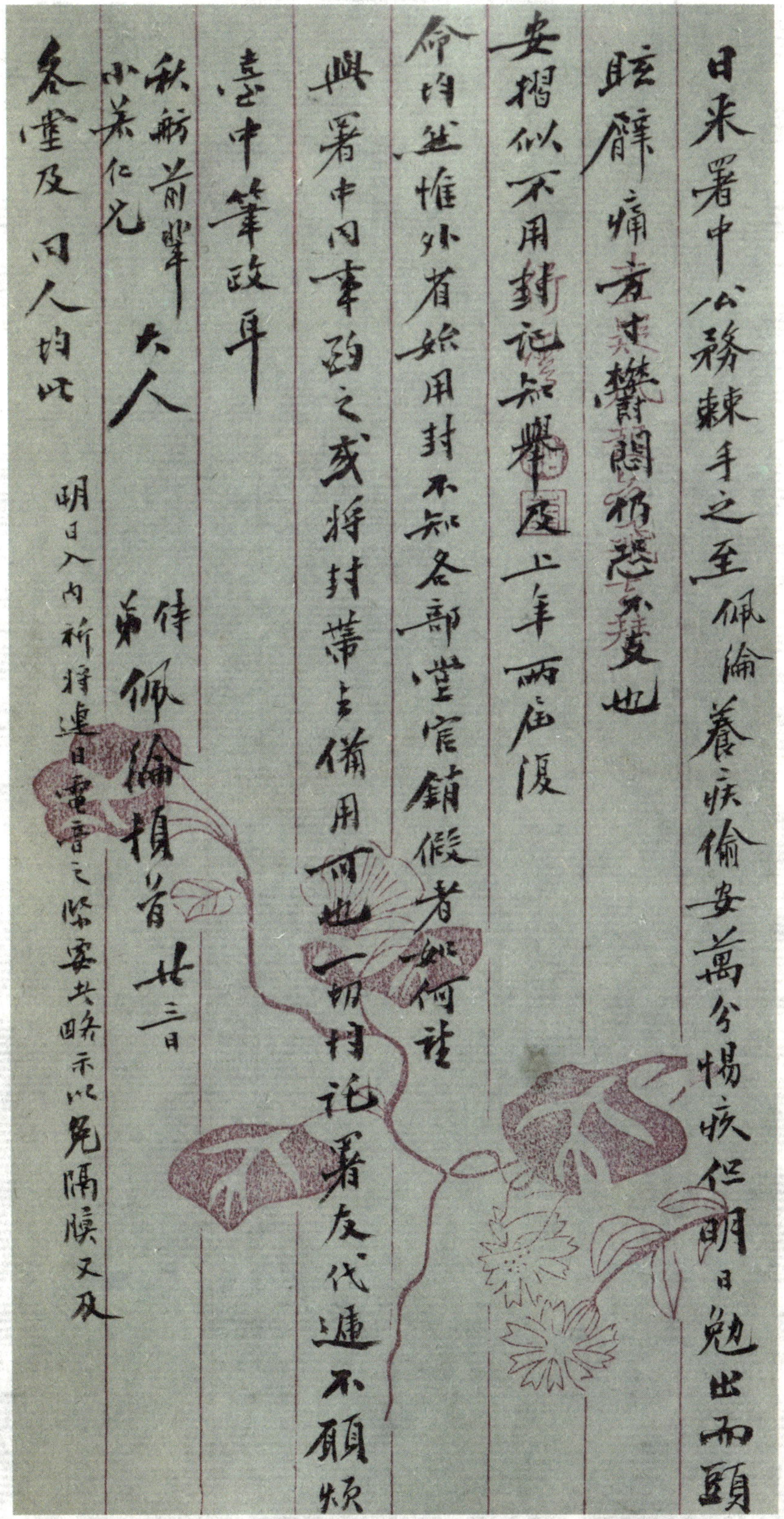

日来署中公務棘手之至佩綸養疾偷安萬分惕疚但明日勉出而頭
眩脾痛方寸鬱悶殊惡也
安摺似不用封託知舉及上年兩屆復
命内並惟外省始用封不知各部堂官銷假者如何請
興署中内事臣之或將封帶去備用可也一切封託署友代遞不願煩
壺中筆政耳
秋舫前輩大人
小弟仁兄
侍弟佩綸頓首 廿三日
明日入内祈將連日電音之緊要者略示以免隔膜又及
各堂及同人均此

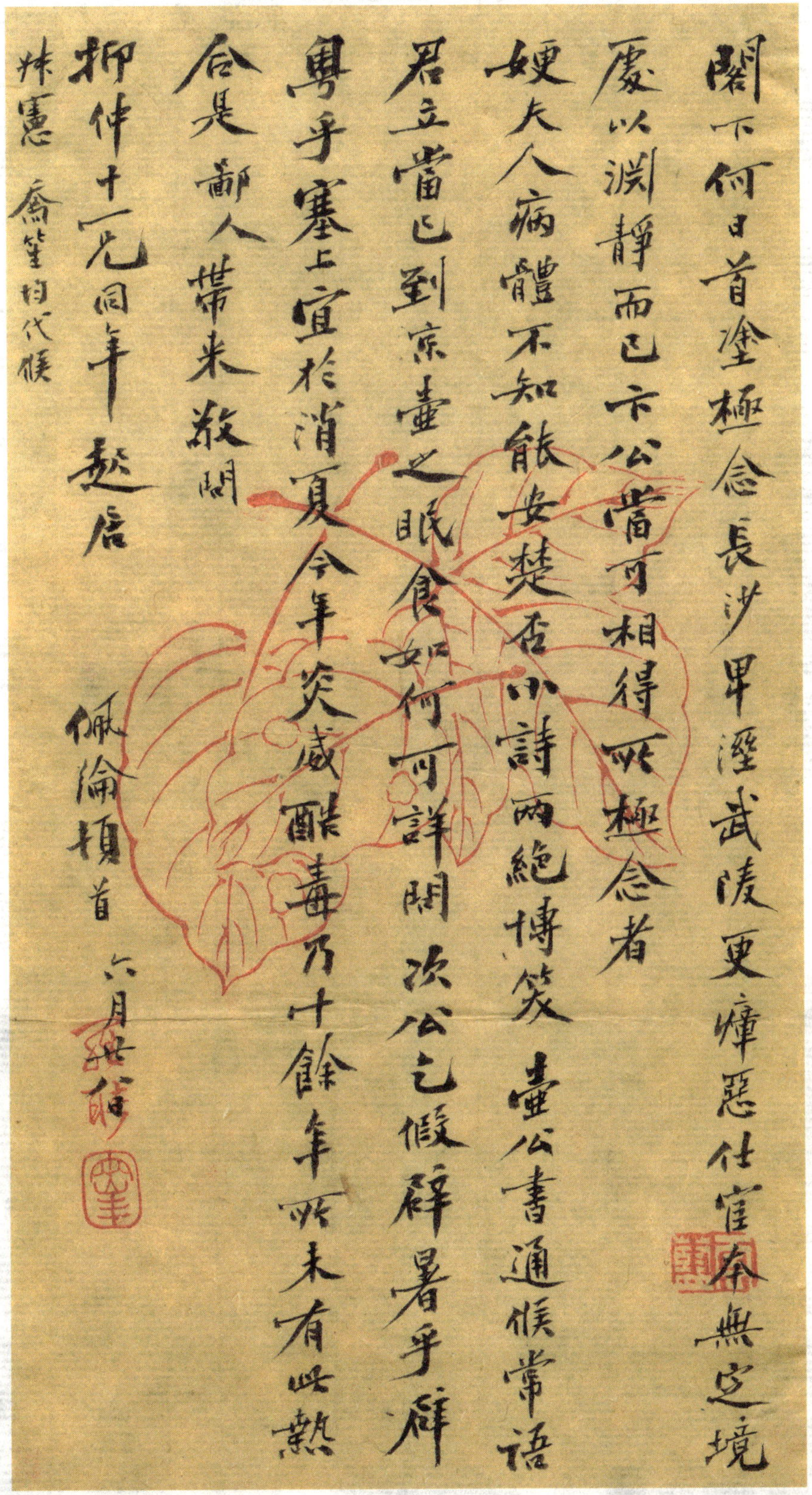

閣下何日首塗極念長沙卑溼武陵更瘴惡仕宦本無定境
處以淵靜而已下公當可相得所極念者
嫂夫人病體不知能安楚否小詩兩絶博笑 壺公書通候常語
君立當已到京壺之眠食如何可詳聞 次公已假辟暑乎辟
粵乎塞上宜於消夏今年炎威酷毒乃十餘年所未有此熱
合是鄙人帶來敍悶
柳仲十一兄同年 起居
侍憲 喬笙均代候
佩綸頓首 六月廿四

[illegible]

清代名人書札墨蹟

楊深秀（一八四九—一八九八），字漪村，光緒進士。官至山東道監察御史。戊戌六君子之一。

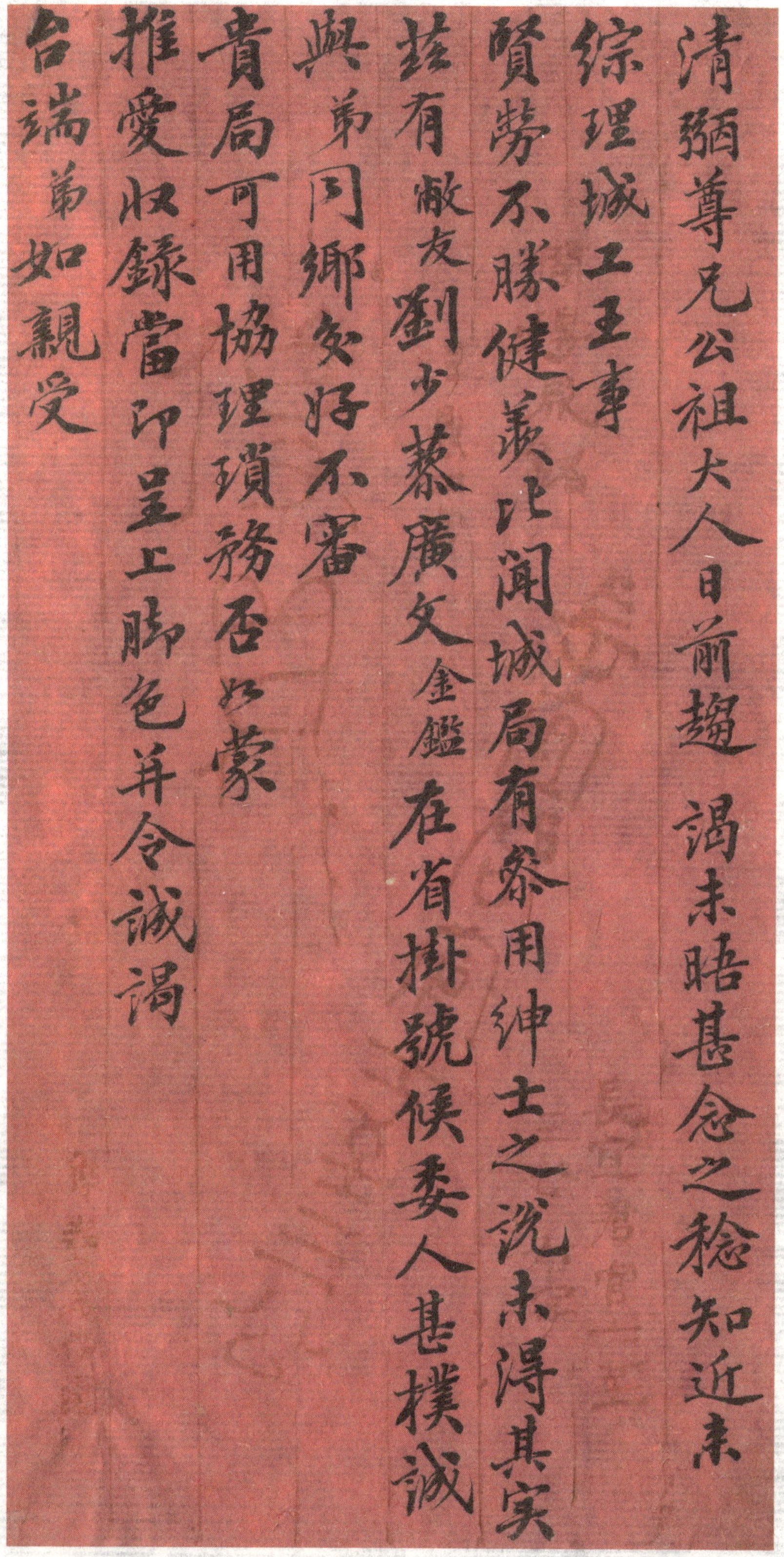

清貊尊兄公祖大人日前趨　謁未晤甚念之稔知近來
综理城工王事
賢勞不勝健羨比聞城局有發用紳士之説未得其實
玆有敝友劉步蔡廣文金鑑在省掛號候委人甚樸誠
與弟同鄉交好不啻
貴局可用協理瑣務否如蒙
推愛收録當印呈上腳色并令誠謁
台端弟如親受

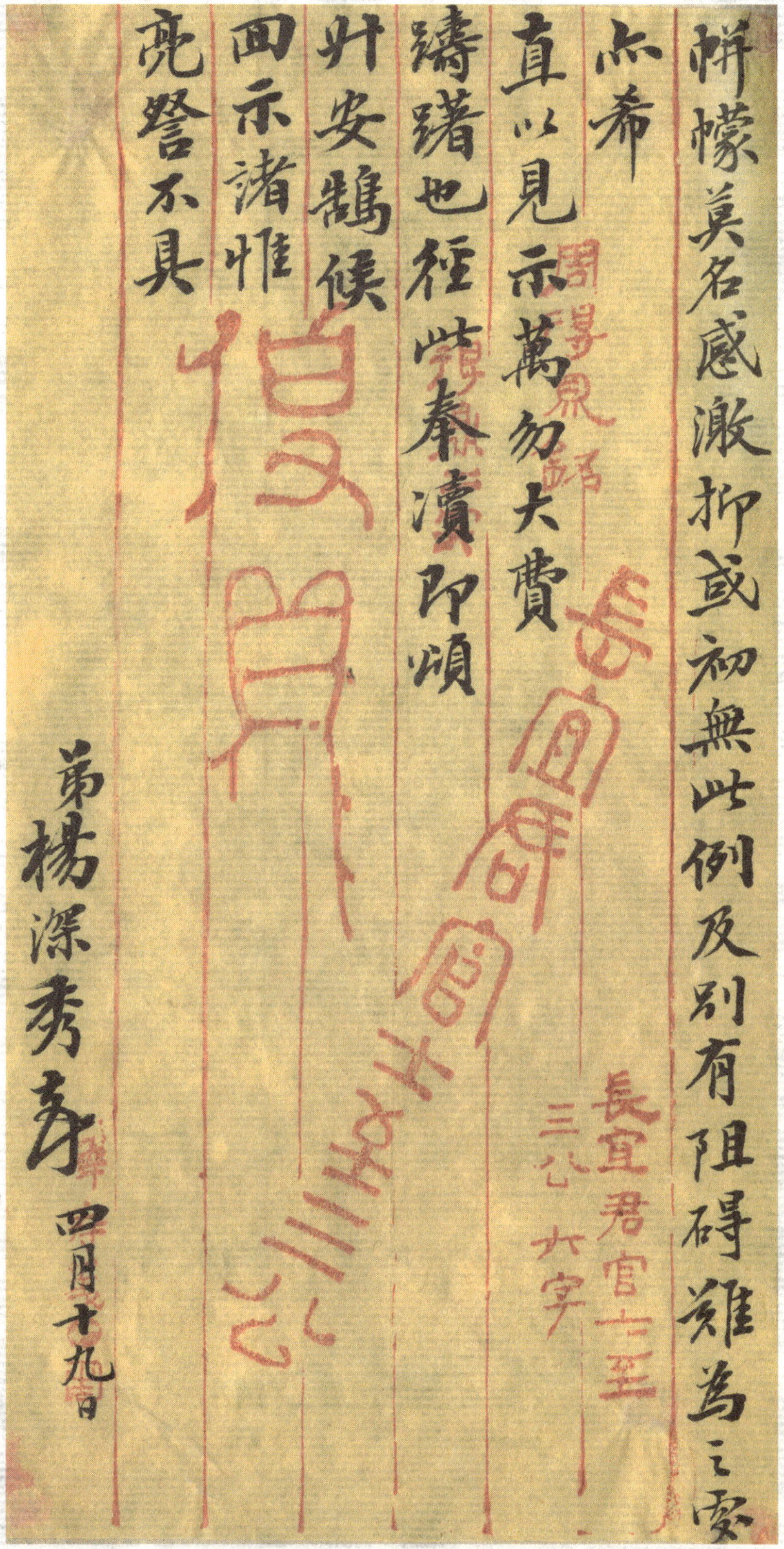

怦懞莫名感激抑或初無此例及别有阻碍難爲之處
亦希
直以見示萬勿大費
躊躇也徑此奉瀆即頌
升安鵠候
回示諸惟
亮詧不具
弟楊深秀　四月十九日

近代史所藏

吴慶坻（一八四九—一九二四），字敬彊，晚號補松老人，浙江錢塘人。光緒進士，官至湖南提學使。善詩文，工書法。辛亥後以遺老居上海。著有《補松廬詩録》、《蕉廊脞録》等。

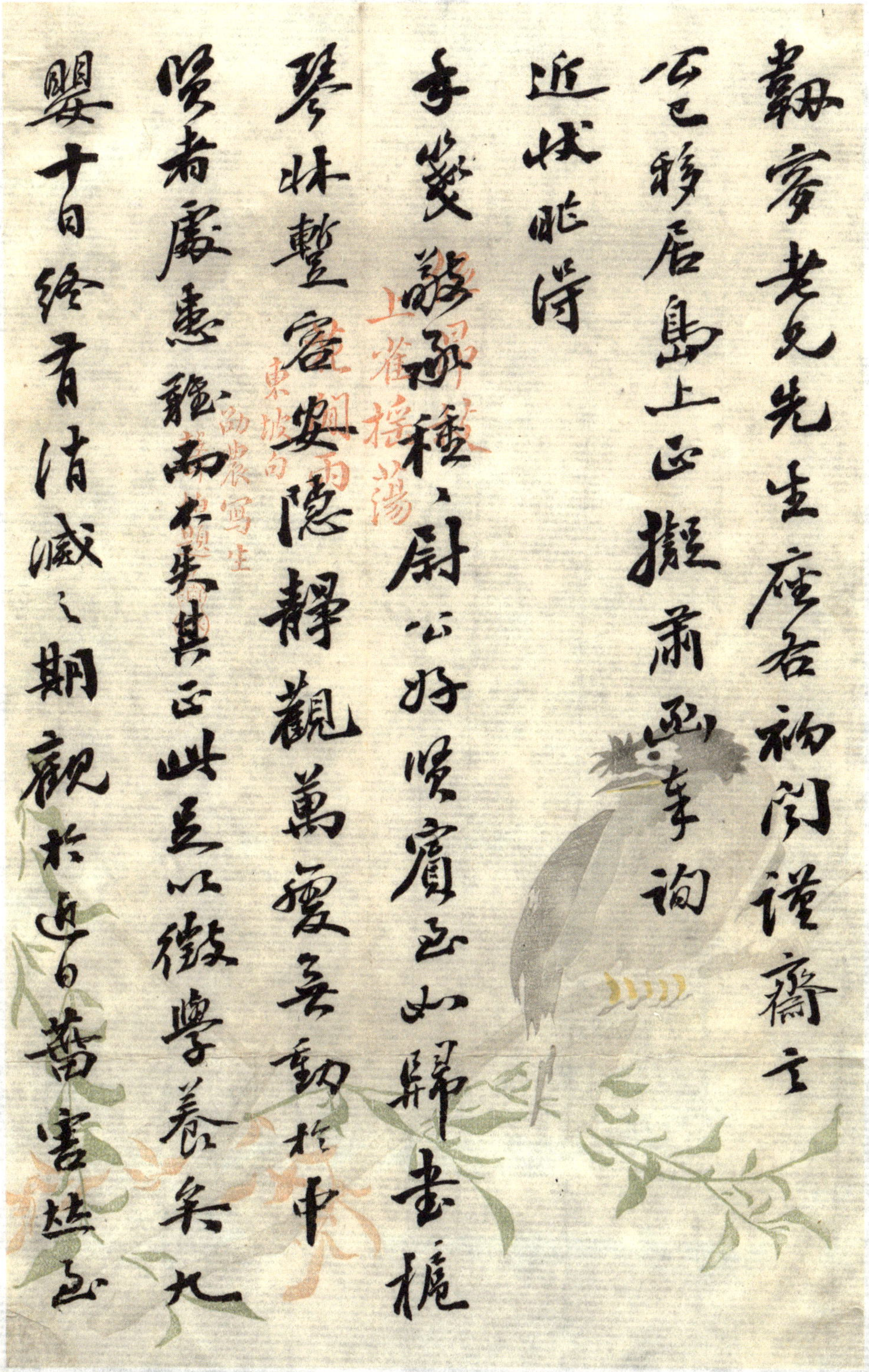

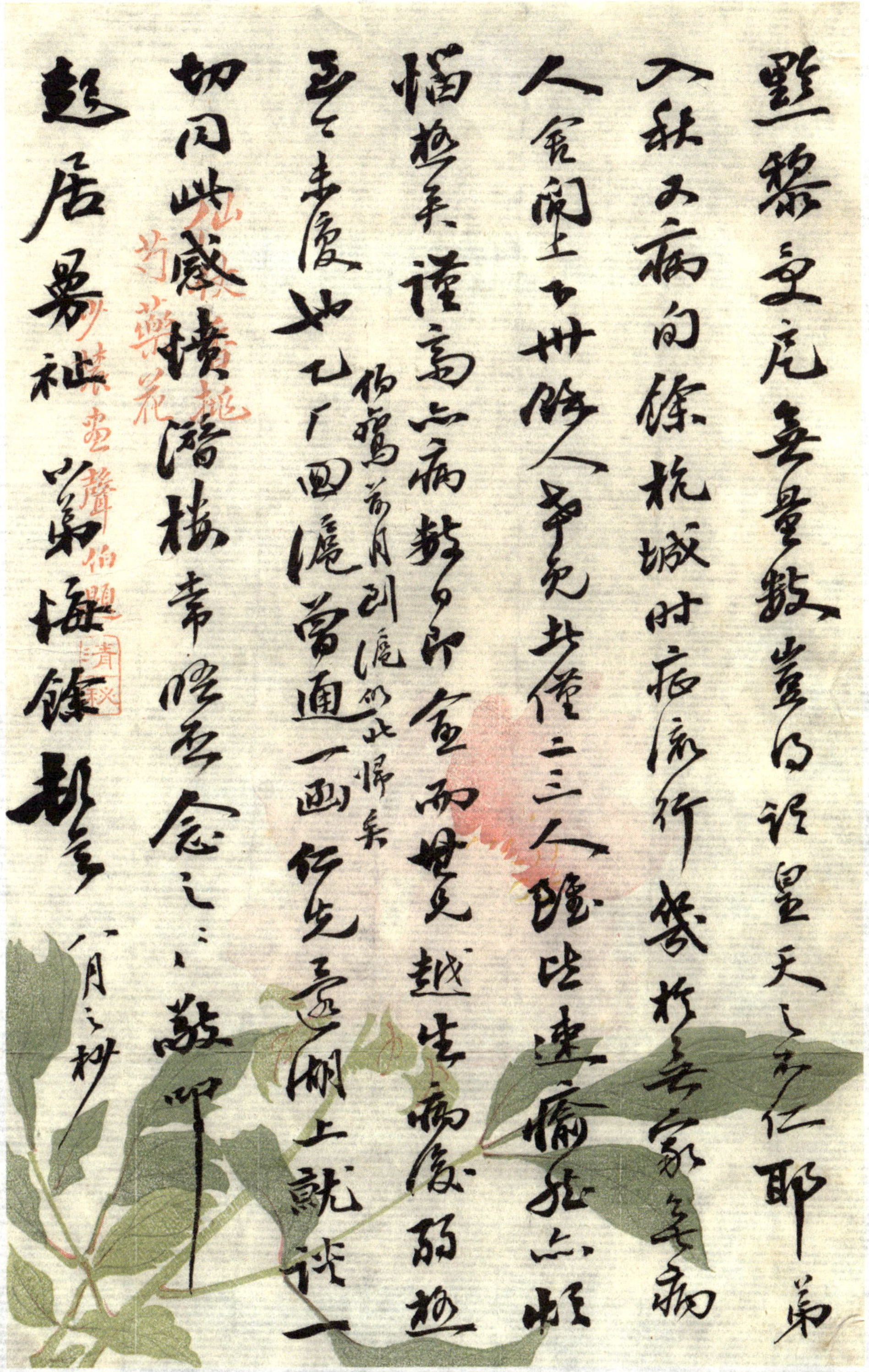

八〇

歐陽中鵠（一八四九—一九一一），字品山、號節吾、字瓣薑，湖南瀏陽人。譚嗣同、唐才常之師。戲劇家歐陽予倩之祖父。

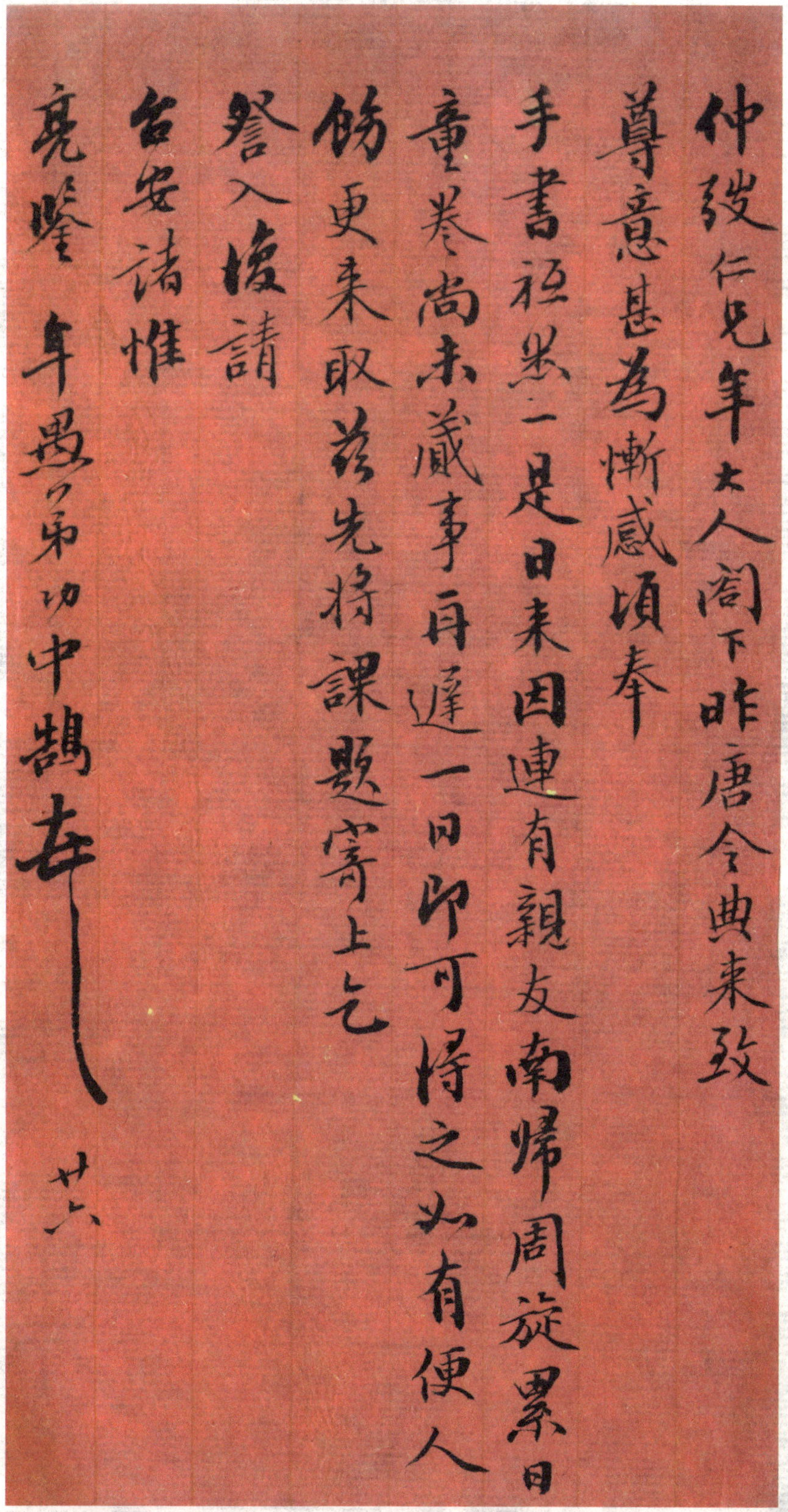

仲弢仁兄年大人閣下：昨唐令典來致
尊意，甚爲慚感。頃奉
手書，祗悉一一。是日來因連有親友南歸，周旋累日，
童卷尚未蒇事，再遲一日，即可得之。如有便人，
飭吏來取。茲先將課題寄上，乞
簽入後，請
台安。諸惟
亮鑒。年愚弟功中鵠頓首
廿六

張祖翼（一八四九—一九一七），字逖先，又號磊盦，安徽桐城人。金石學家，書法家。光緒間曾游歷英國，著有《倫敦竹枝詞》。

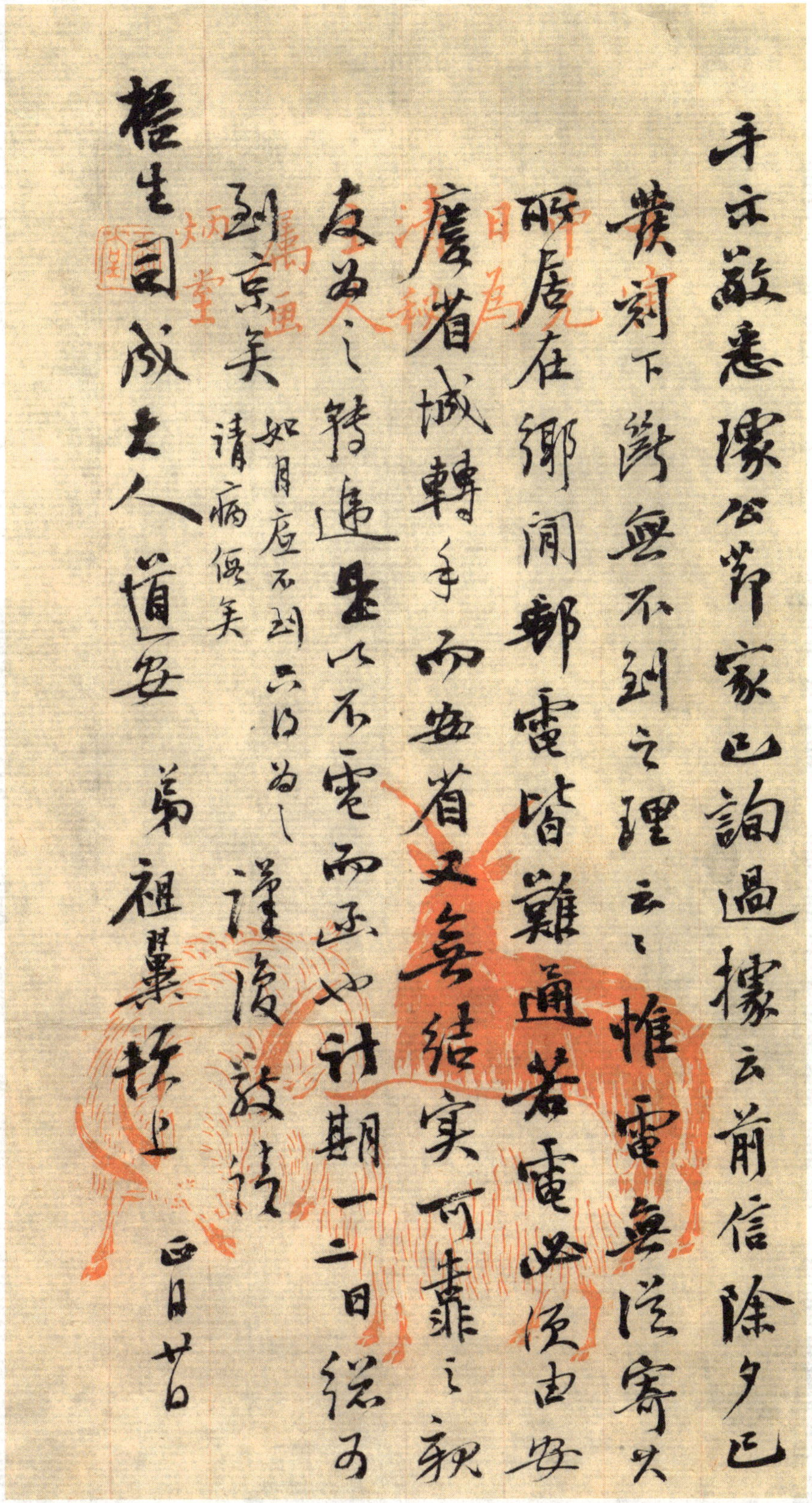

手示敬悉。璩公節家已詢過，據云前信除夕已
發到，下斷無不到之理云云。惟電無從寄，只
聽居在鄉間，郵電皆難通，若電必須由安
慶省城轉手，而安省又無結實可靠之親
友爲之轉遞，是以不電，而函如計期一二日總可
到京矣。如月底不到，亦只得爲之請病假矣。
謹復，敬請
楷生同成大人道安
弟祖翼頓首 四日廿

近代史所藏

松壽（一八四九—一九一一）字鶴齡，滿洲正白旗人，以蔭生入仕，官至閩浙總督。

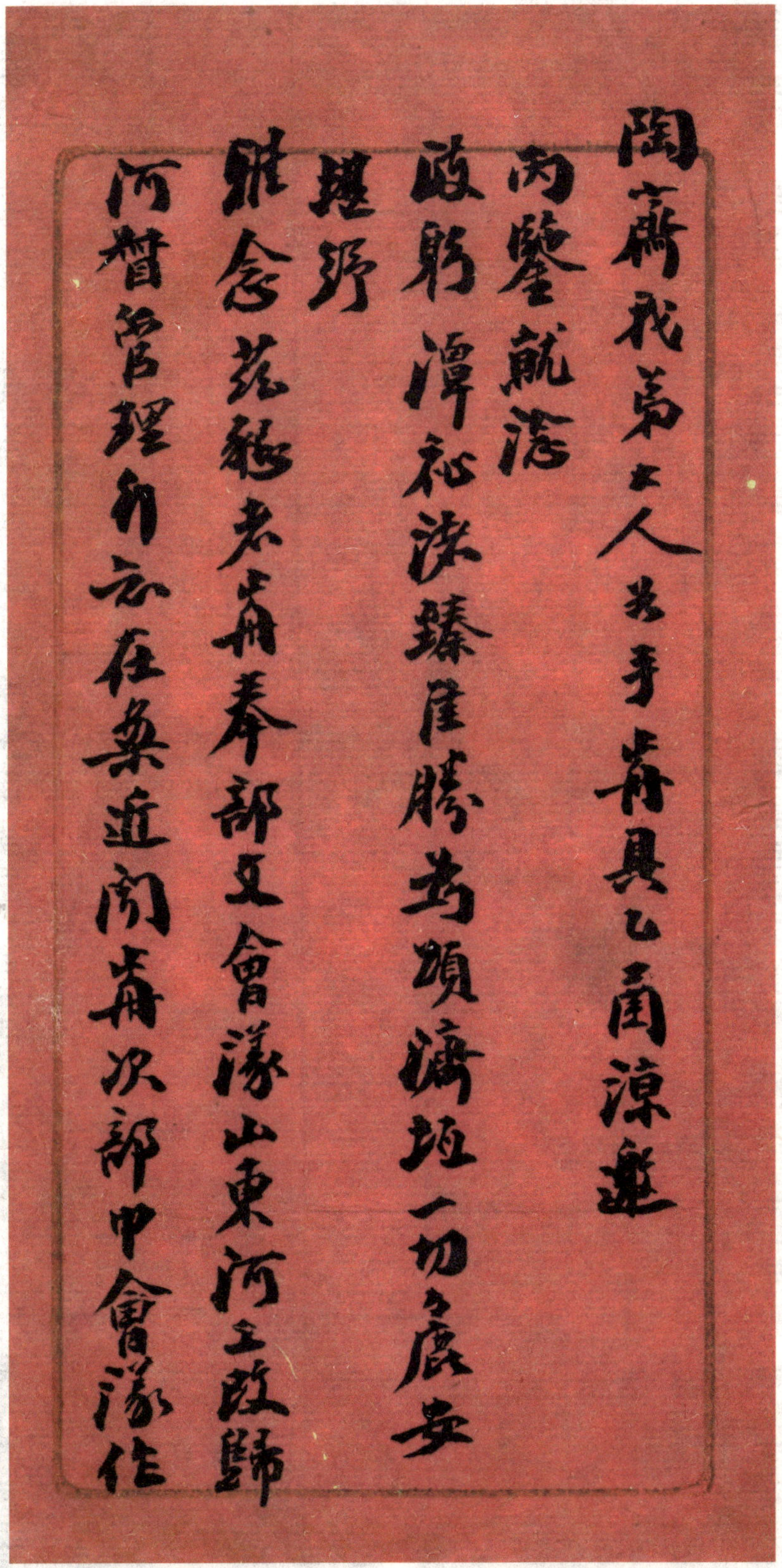
閩齋我弟大人如手：前具乙函，諒邀
丙鑒。就諗
政躬潭祉，洊臻崖勝，為頌為頌。濟垣一切々底安，
堪紓
雅念。茲懇者，前奉部文，會議山東河工改歸
河督管理，弟亦在案。近閱前次部中會議，作

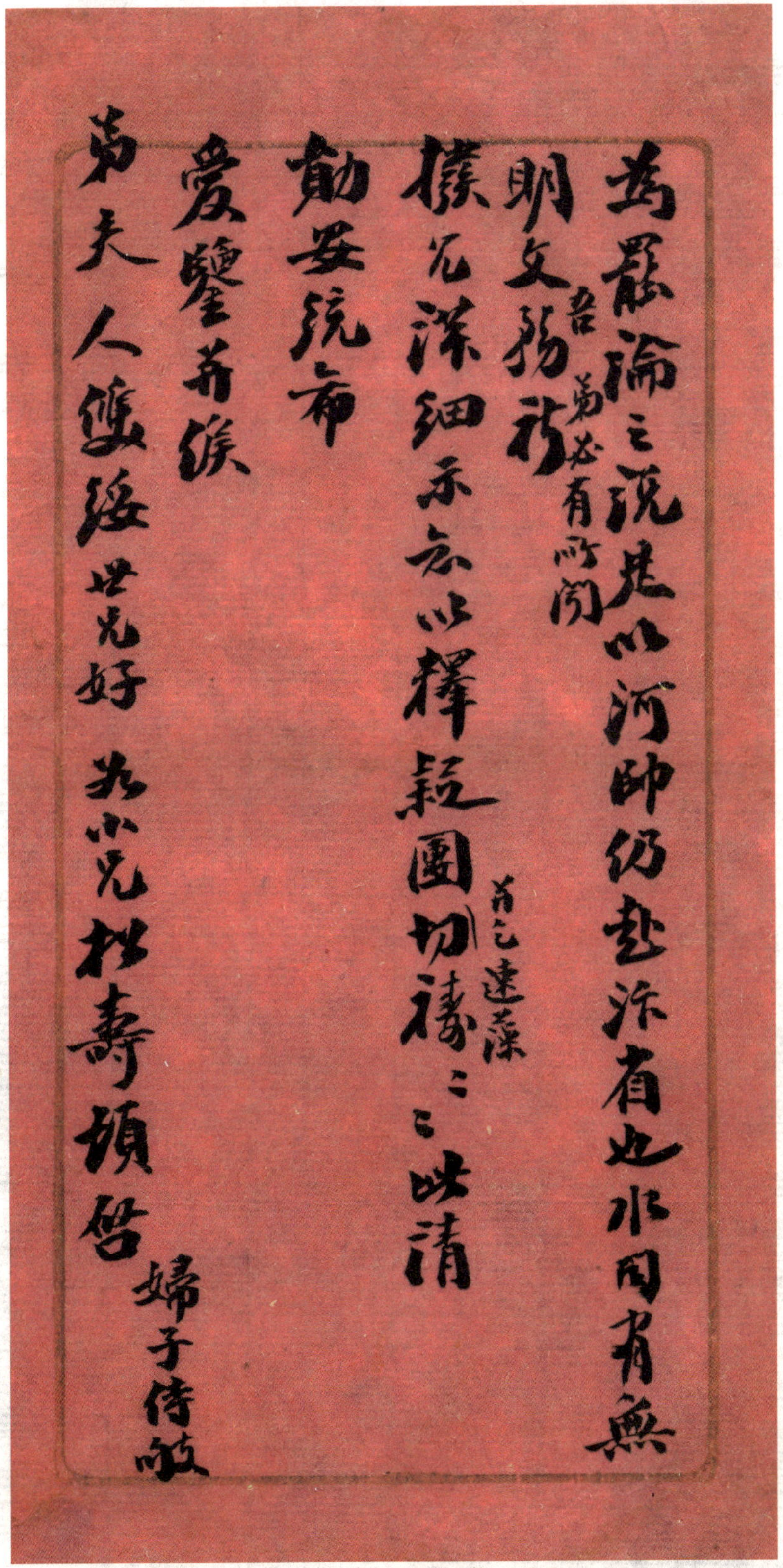
為罷論之說，是以河帥仍赴訴，有如水同肯無
明文，務祈（吾弟必有所聞）
樸兄深細示，亦以釋疑團，切禱々々。（前已達藻）此請
勛安。統希
愛鑒。并候
弟夫人懿綏。世兄好。兄小兄松壽頓首
婦子侍啟

八二

盛昱（一八五〇－一八九九），字伯熙，也作伯希、伯羲，室名鬱華閣，愛新覺羅氏，滿州鑲白旗人。光緒進士，官至國子監祭酒。詩文、金石均負時名。

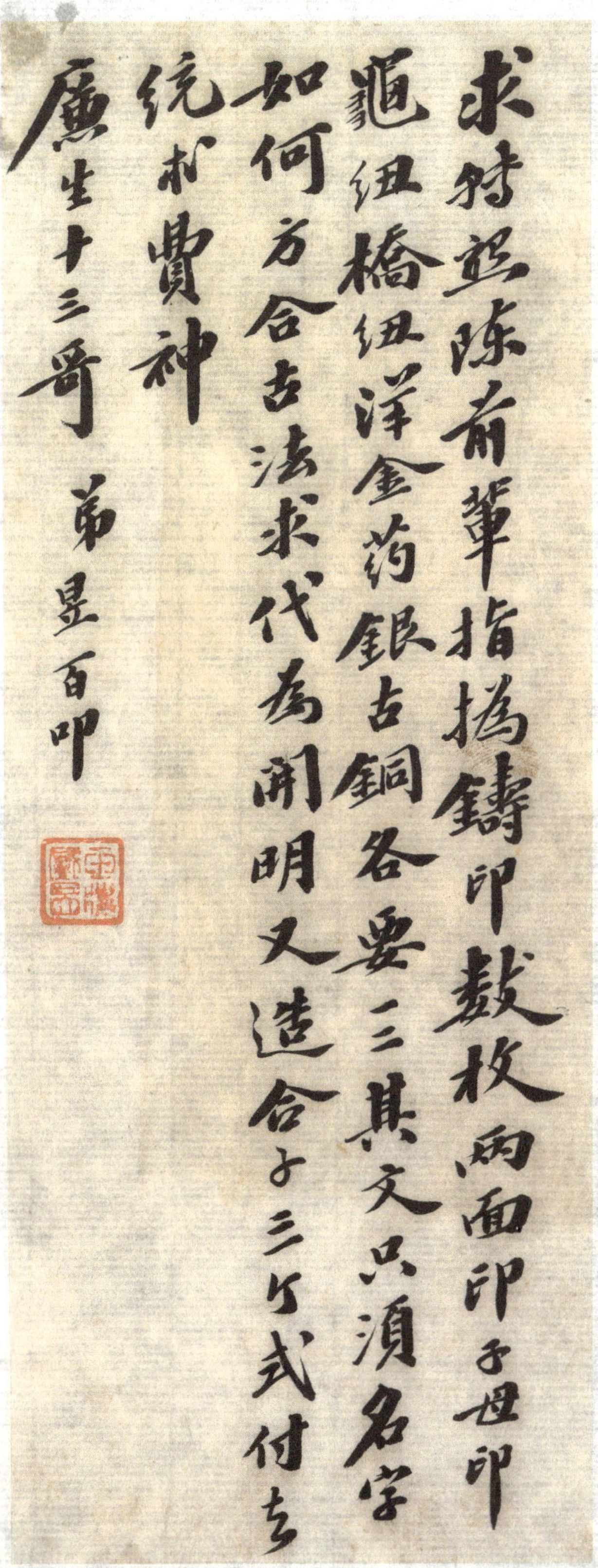
求將照陳前輩指摘鑄印數枚兩面印子母印
龜鈕橋鈕洋金葯銀古銅各要三具文只須名字
如何方合古法求代為闡明又造合子三分式付去
統祈費神
廉生十三哥
弟昱百叩

瞿鴻禨（一八五〇－一九一八），字子玖，號止庵，湖南善化人。同治進士。官至外務部尚書、軍機大臣。

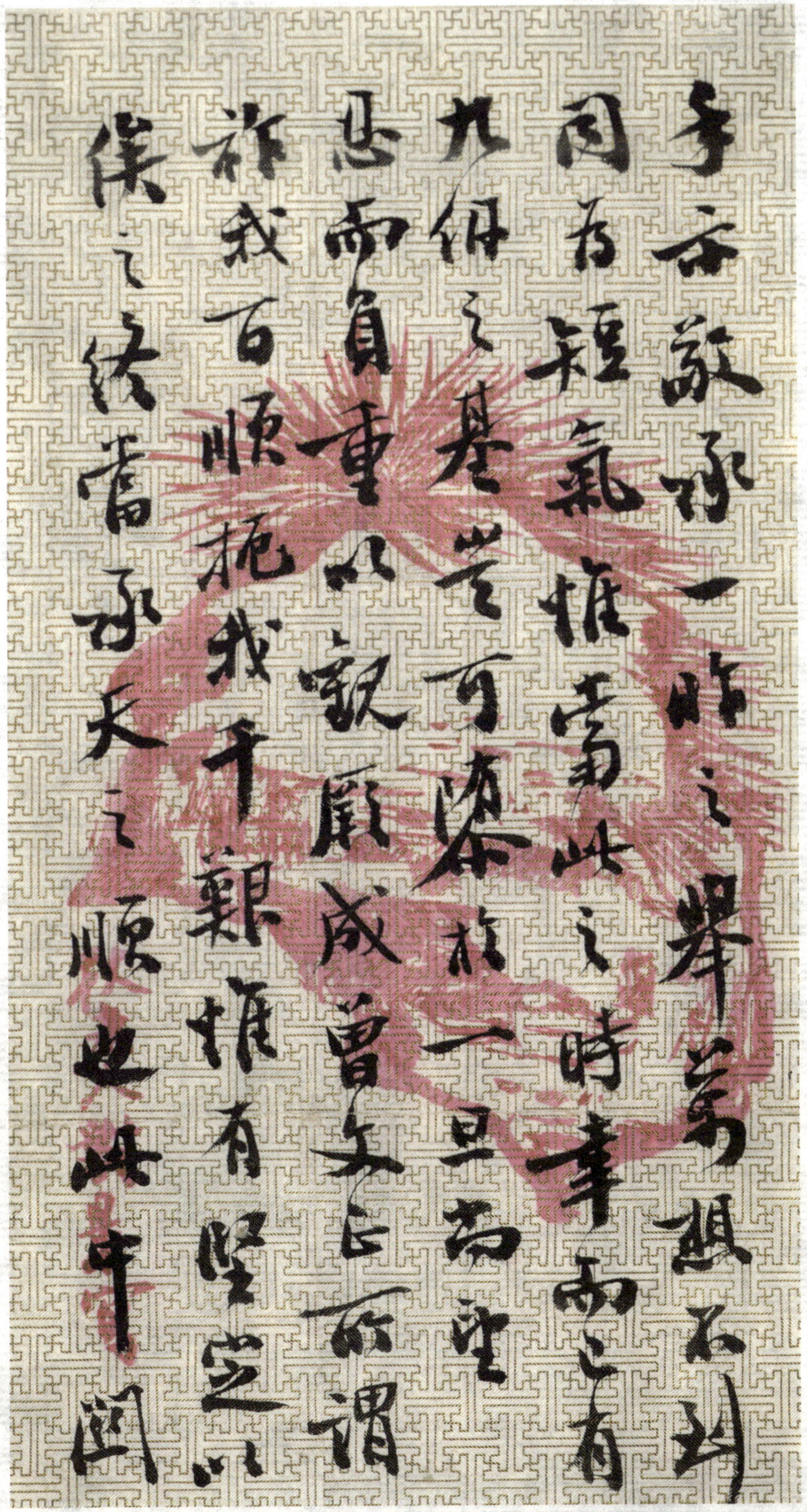
手示敬承一昨之舉萬想不到
因為短氣惟當此之時幸而尚有
九卿之甚豈可潦於一旦為望
思而負重以欽厭成曾文正所謂
詐我百順拖我千艱惟有堅定以
俟之德音承天之順也此中間

近代史所藏

清代名人書札墨蹟

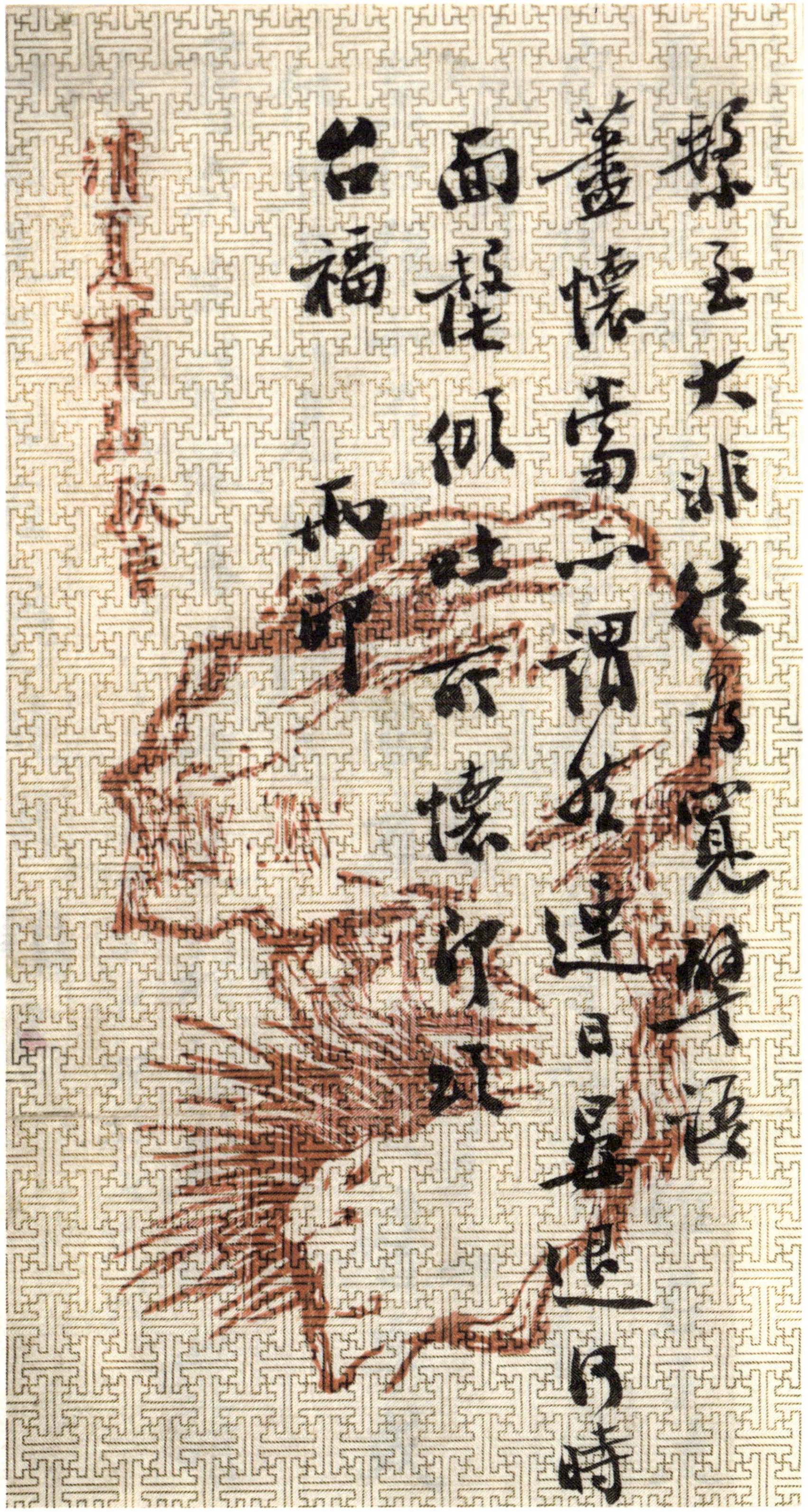

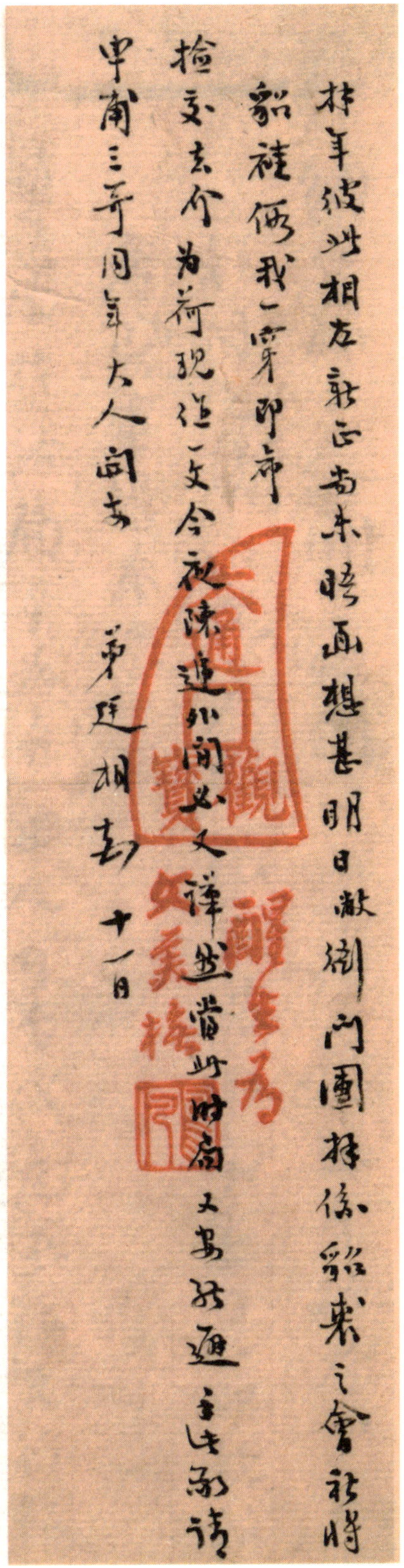

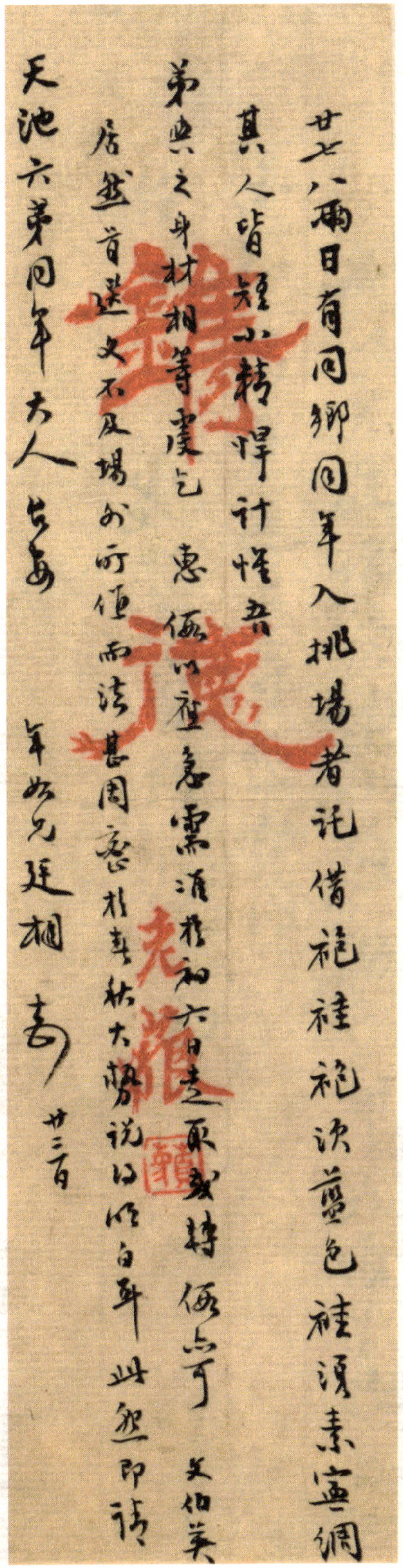

王廷相（一八五一—一九〇〇），字梅岑，直隸承德人。光緒進士。歷官翰林院編修、江南道監察御史。大學士徐桐弟子，以敢言著稱。庚子年入李秉衡幕，參與抵御八國聯軍，兵敗投水死。

八四

[illegible]

楊銳（一八五七－一八九八），字叔嶠，四川綿竹人。光緒舉人。任內閣中書，曾入張之洞幕府。「戊戌六君子」之一。

[illegible]

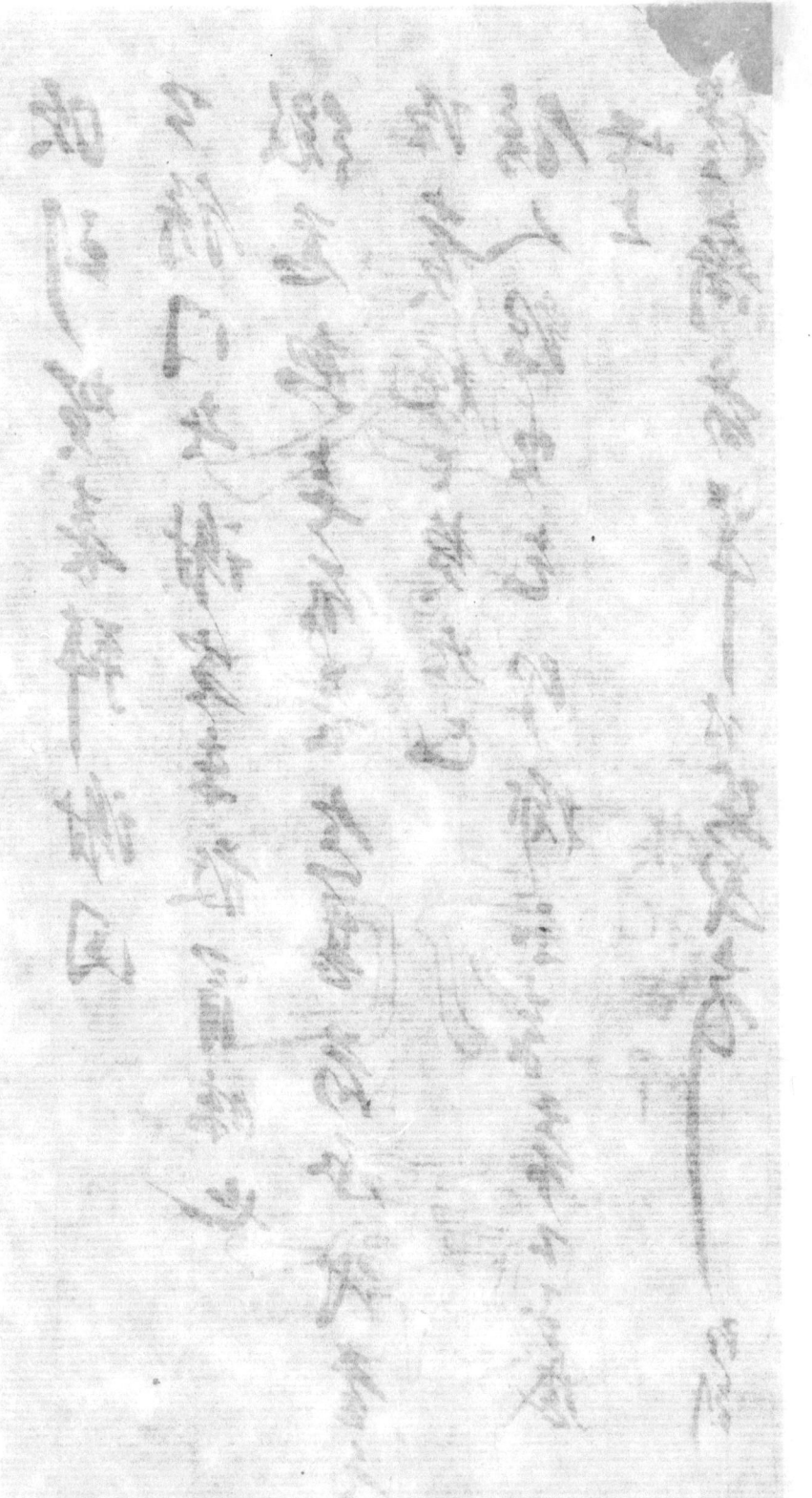

文廷式（一八五六－一九〇四），字道希，號芸閣，別號純常子，江西萍鄉人。光緒進士。官翰林院侍讀學士。詞人。

近代史所藏

去亦怨之次胥而合肥濟甯又內通瑞寺日謀所以撼之宜其重干
佛怒也不特退出講幄此後尚恐別有風波虞山一生尚巧乃卒以巧
誤可畏哉
十二日　佛駕幸頤和園　上十五往請安十七始回緣十六日賞內
外大臣在湖聽戲故也（十七日再賞飯并派恩佑帶領諸臣遍遊頤和園）近來　兩宮禮意甚洽五日
一請安必晨出晚回侍膳聽戲經摺奏往往有積壓數日不批者漸
不如去年聽政之勤矣　恭邸於十二日即隨往湖每日賞戲及看煙
火廿後始回歸其所住之園　佛派人先為供張為立兩處帳物
器具皆須先過目往後賞用以黃龍袱罩之恭邸先有病在假中
其子瀛貝勒苦勸無出並求榮祿力阻恭邸告之曰　佛為我安置如
此雖終不出其可得乎其去也攜花磁值二萬金者以往故近來
諸事稟承　佛意無異醇邸在時也
合肥使俄係出　慈命邸友濂不願往公電到恭邸曰不知　皇
上敢向　太后說否高陽曰有何不敢說不說如何得法胡侍御景
桂丁編修立鈞摺請　飭勿帶李經方羅豐祿馬建忠數人其日有
旨賞李經述三品銜隨侍其父前往蓋為沮經方故也合肥以此與高
陽忿爭十三日再摺仍請帶李經方去有云馬瀾之約係李　朝命
無知之徒妄生謗議並臣有難言之隱等語　旨莫能奪也渠謝出
使及伊子三品銜恩又十三日遞摺均未召見十六日　慈聖召見園中
賞銅器十二件十八請訓　上乃召見張侍講百熙有疏糾之留中

八七

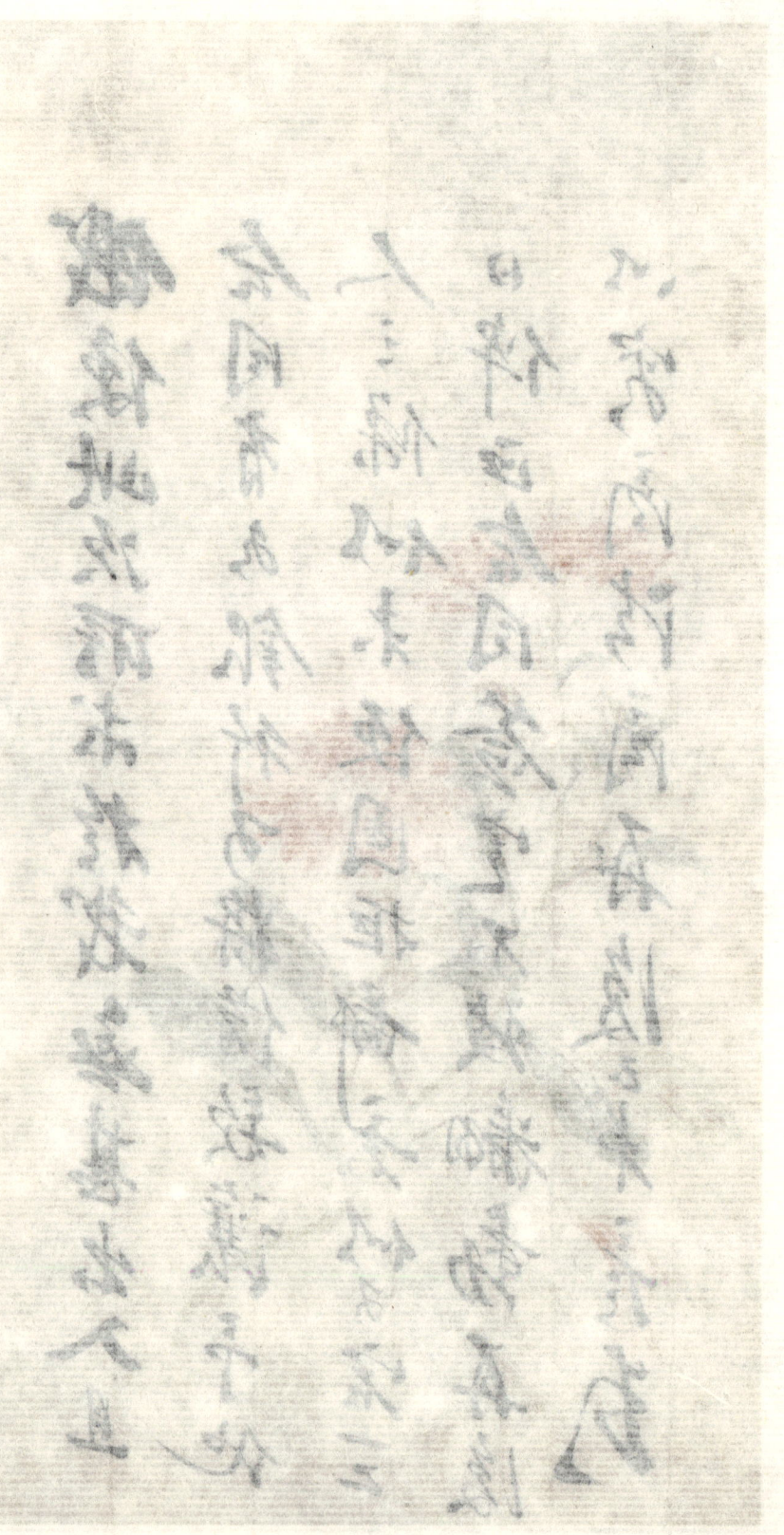

近代史所藏

兩年之别乃無一字之貺魂夢相通
不在翰墨也桂林山水有
賢者故事澗澤草木想皆可愛
恨不隨
公登臨賦詩遣此濁世風塵譎詭

變亂之際實不材之木出山何用負
疚已自西省吏事久不飭此官乃屬
負民者賊日又一日恐不可療文黃
武蘇宗夫塞巨猷真難哉
望照此盤錯無柯不斷今時之

八九

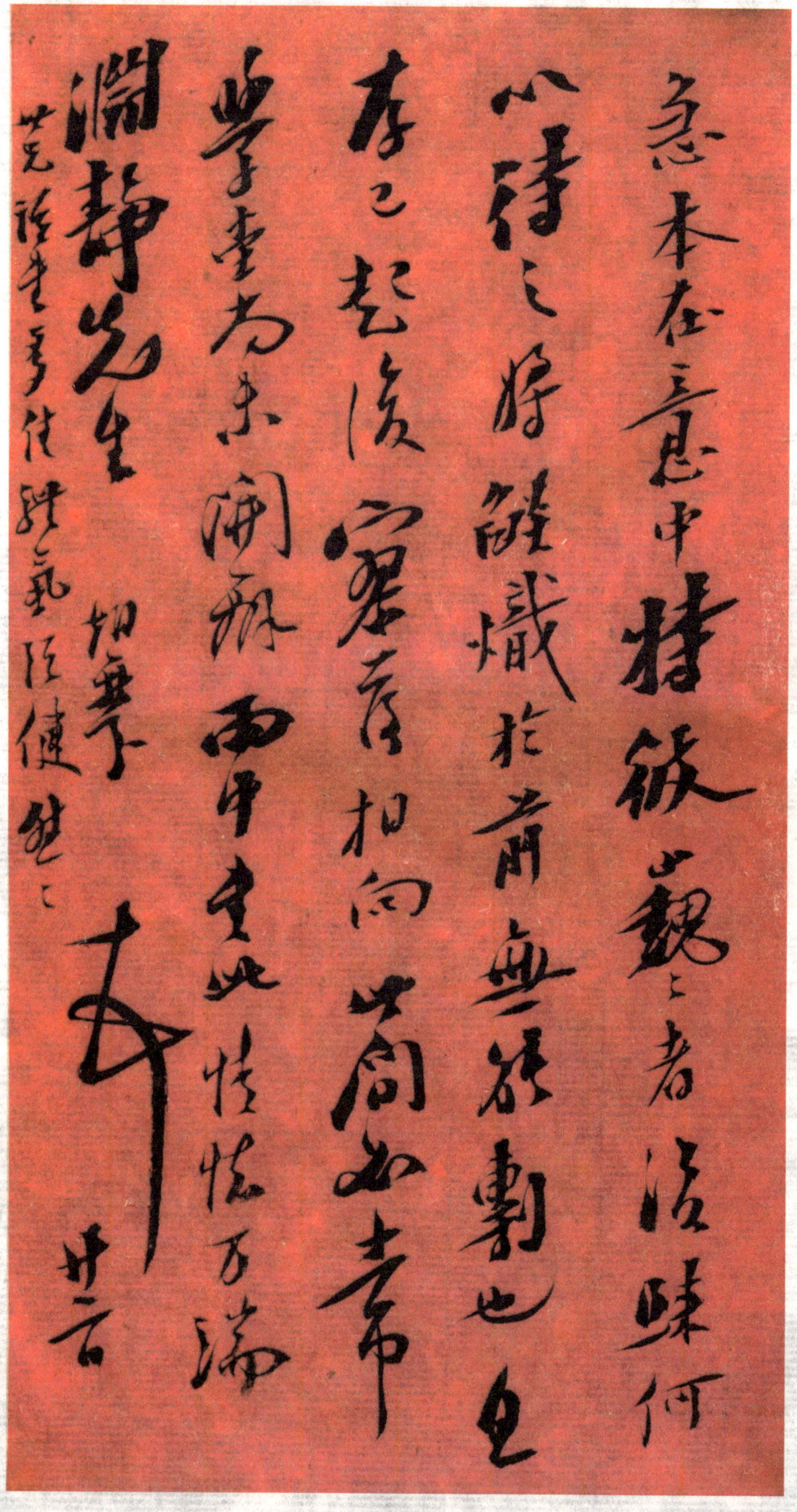

近代史所藏

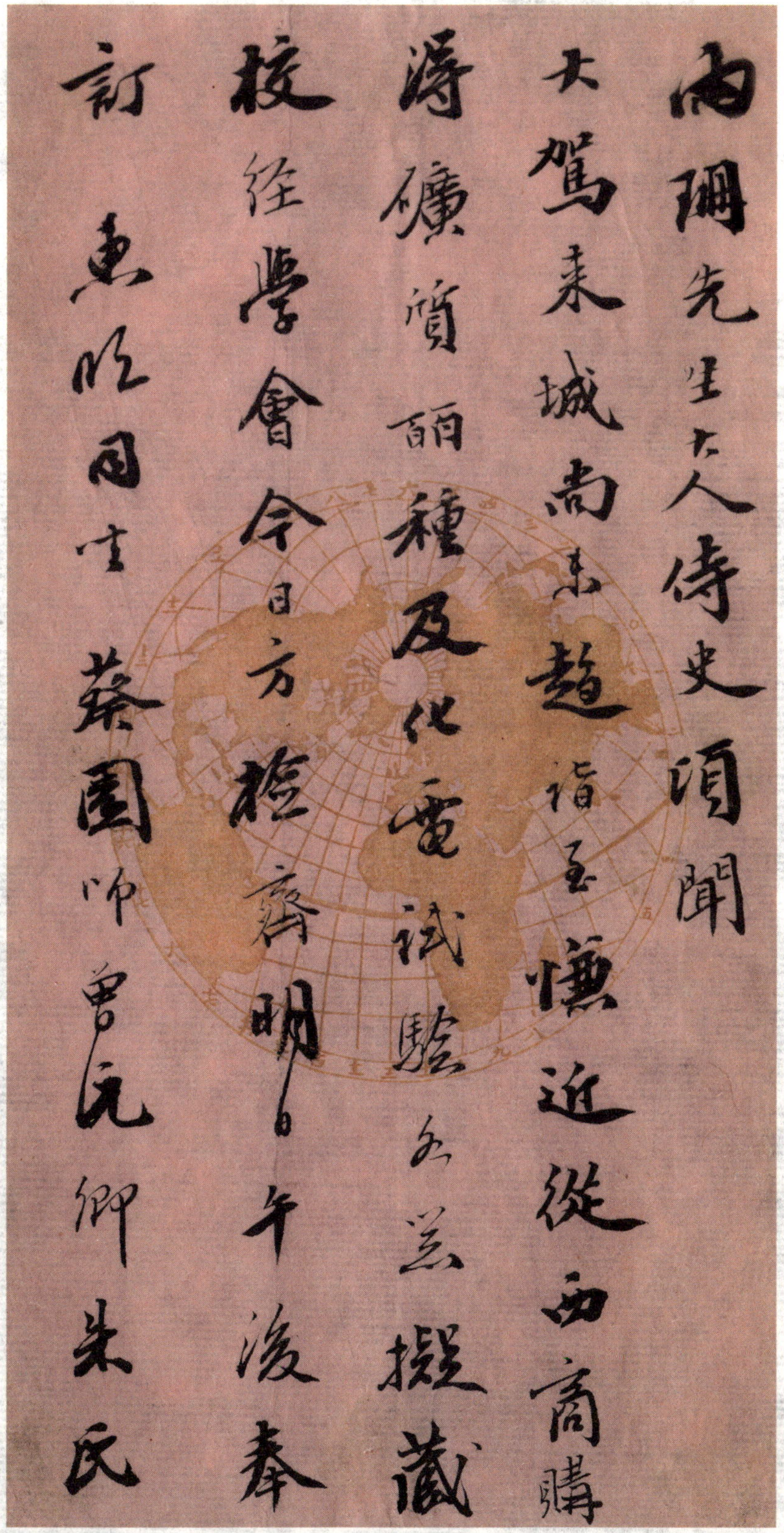

江標（一八六〇—一八九九），字建霞，號師鄦，又自署誃笘，江蘇元和人。光緒進士，翰林院編修，曾任湖南學政。清末維新人士。編有《靈鶼閣叢書》、《唐賢小集五十家》。

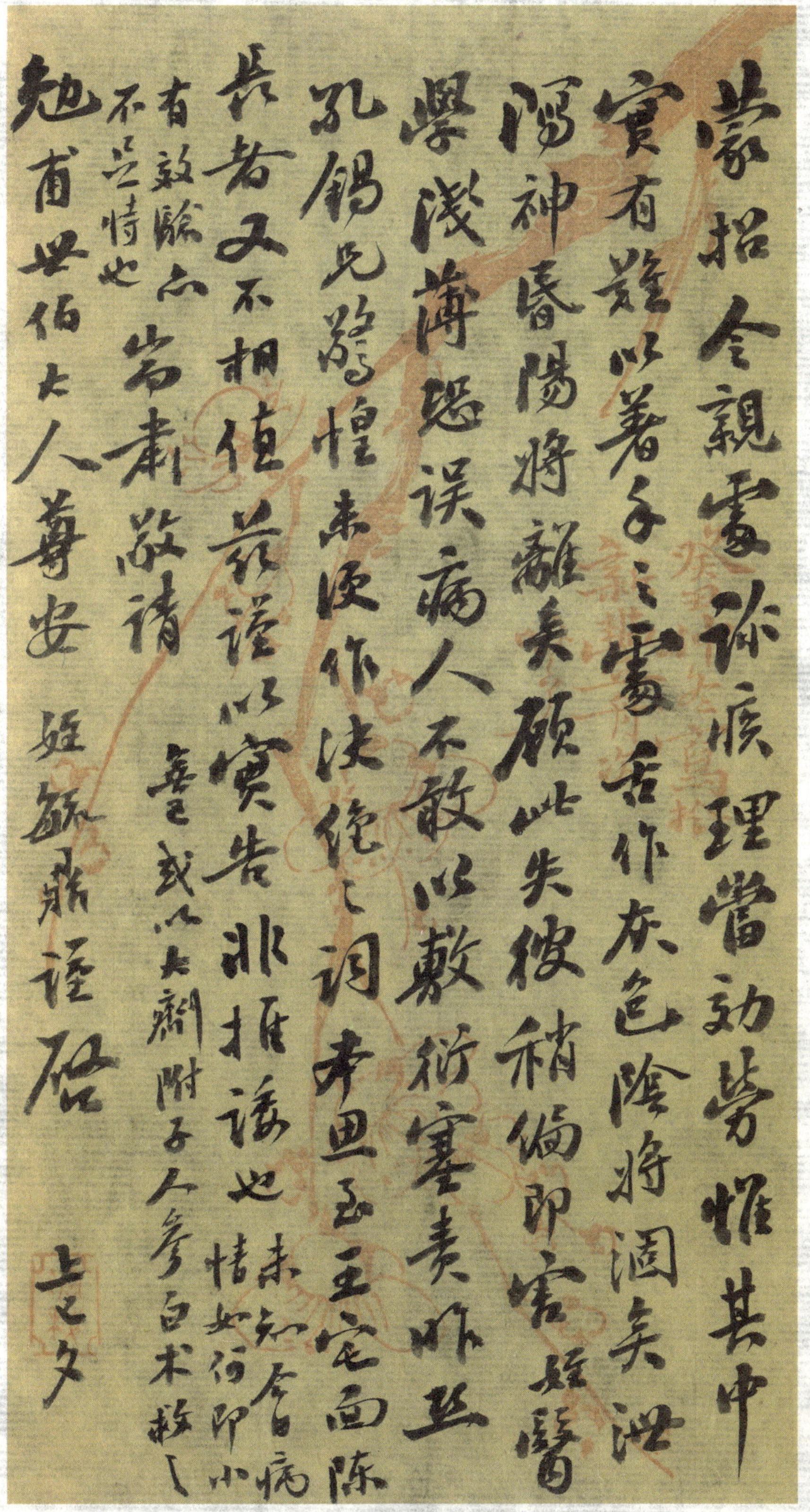

恽毓鼎（一八六三－一九一八），字薇孫，號澄齋。順天大興人，原籍江蘇陽湖。光緒十五年進士，官至翰林院侍讀學士。

蒙招令親家診候理當効勞惟其中
實有難以著手之處舌作灰色陰將
涸矣泄神昏陽將離美顧此失彼補偏容顧醫
學淺薄恐誤病人不敢以敷衍塞責昨巫
孔鍋兄甚惶惶未便作决絕之詞孝甾玉宅画陳
長者又不相信蕘謹以實告非拒諉也惜如行卯小
有效驗不嵩肅敬請
不盡情也
勉請世伯大人尊安
　　　　　　姪惲毓鼎謹啟

昆季陳石麟同年五人
便衣坂不敢具柬似元
燕眼平眠爲幸專肅敬請
□安　　　　江雲甫拜
初日

[illegible]

[illegible]

[illegible]

康廣仁（一八六七—一八九八）名有溥，字廣仁，號幼博，廣東南海人。康有爲之弟。戊戌六君子之一。

星海先生别後就醫何若昔雨霪潦恒念耿耿溥奉承
手采具蒙
訓誨考求水利講習律例仰見
先生栽成于溥不忘于民之深意溥别後旋氐寧波止于家伯釐
所目覩釐局收捐瑣瑣夫軍興之時既不遺餘力於瑣瑣寧波
一郡城耳釐卡三四搜网靡餘兵甲既藏宂抽收益甚小民
其何以堪之後之不善當時之任事者既受其功亦不能
辭其咎也今日

孫雄（一八六六—一九三五），原名同康，字師鄭，號鄭齋，江蘇昭文人。光緒進士。曾任京師大學堂文科監督。工詩文，撰有《師鄭堂集》、《舊京文存》等。

子雍先生以越縵師遺墨屬題感賦一律乞政
老輩風流成掌故師門翰藻爇心香門前立
雪春如夢花下填詞夜未央米市琴樽猶（常）在
眼 潘紱庭先生居宣南米市胡同 韓潭燈影幾迴腸
卅年話别情猶昨愧負箴言報國長 光緒甲午
南歸謁别師贈詩云宮花歸壽親庭暇努力明時報國
長是年冬師歸道山 甲戌九秋師鄭孫雄
門字複用第二句師門易作經師雄又注

[illegible]

近代史所藏

内府空虚下民困乏朝野何人溥一介小吏欲謀升斗猶恐悶焉其
不可尋更何言哉明將來
大君子比此蒼生耳至浙省水利温州則有横陽江飛雲江甌江
台州則有新河椒江大横溪石瑜溪寧波則有金溪大浹江
紹興則有曹娥江三江杭則錢塘江也杭州而外諸郡之水
皆可直入海也内地如處州則合滙于温之甌江而注海南近
福建則并少有分流而金嚴衢三郡則盡由錢塘而入海矣
錢塘濶大故諸郡水患尚稀惟杭州之水半賴錢塘餘皆
並嘉湖之水而注于太湖於是言浙省之水利者不得不合蘇省
而言矣蓋天目萬山跨杭之於潛臨安餘杭數縣萬流並下
滙于餘杭一分流錢塘一轉注為東苕溪北流湖郡之德清睞
安烏程以入太湖湖郡之水亦皆歸之嘉興亦半歸此湖焉以
諸水所集數百里之太湖而湖之入海僅吳松與婁二江二江不
濶則消不暢太湖漸淤則納容有限加以水必挾沙而行況天
目諸山為棚民開植阡陌相連遇雨則沙泥隨水而下築隄
無涂則束水無術以至沙泥留淤此亦千古治水之患當

九三

近代史所藏

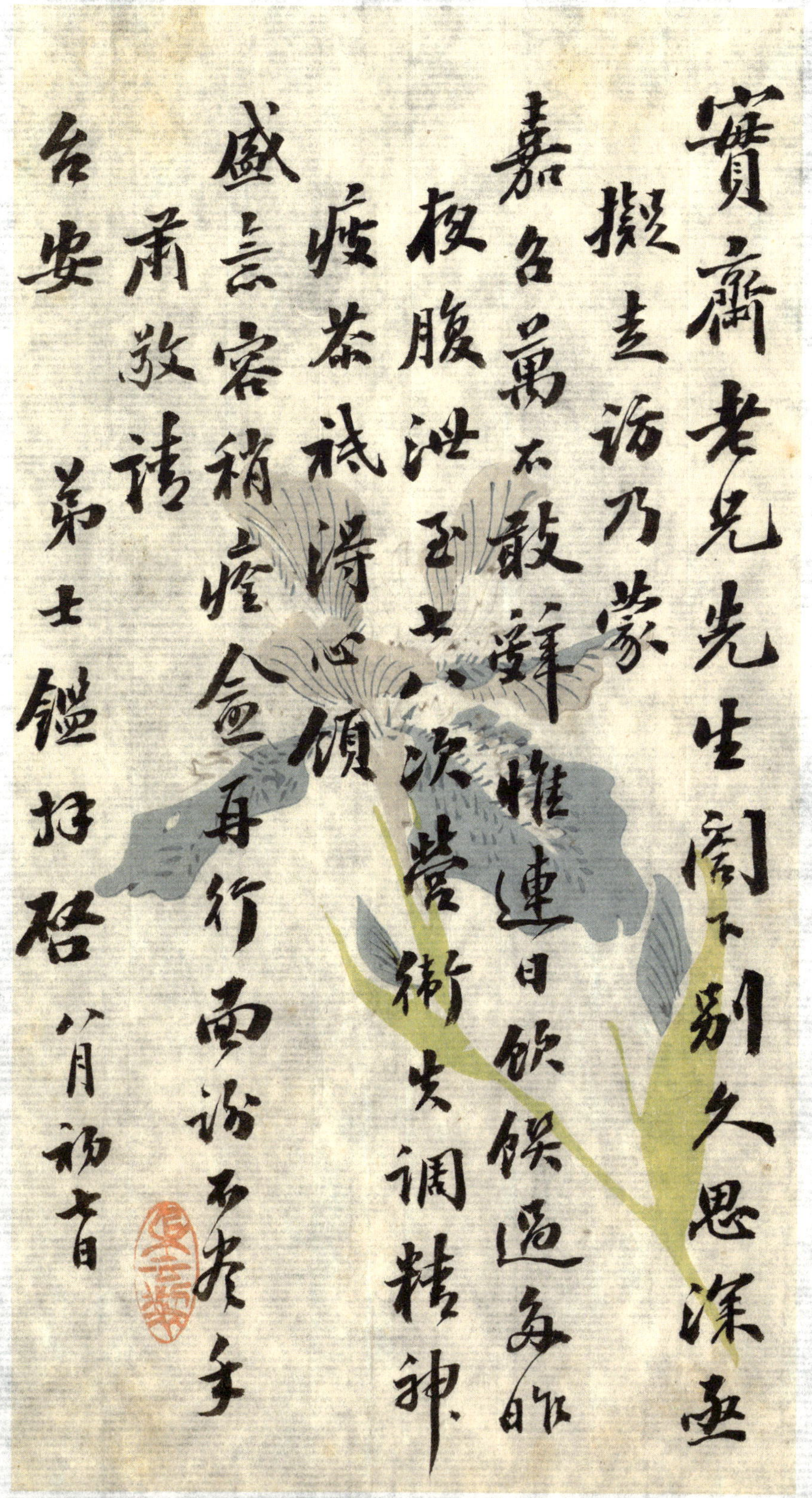
寶齋老先生閣下：別久思深，亟擬走訪，乃蒙
嘉召，萬不敢辭，惟連日飲饌過多，昨夜腹泄至十六次，營衛失調，精神疲苶，祇得心領
盛意，容稍痊愈再行面謝。不克手肅，敬請
台安。
弟士鑑拜啓 八月初十日

吴士鑑（一八六八—一九三四），字絅齋，號公詧，浙江錢塘人。光緒進士，官翰林院侍讀、資政院議員。金石學家、藏書家。

昨奉
手復，知近有拂意事為累，
寬為排遣，旦晚再詣。
不敢致上
藝風老師 昌綬書 初九日
圭塘小稾如在南館，乞便中[illegible]
別集已得，毋庸再錄。

吴昌綬（一八六八—一九二四），字伯宛，一字甘遯，號印臣，晚號鬆鄰，浙江仁和人。光緒舉人，内閣中書。民國後曾任司法部秘書。刻書家，著有《松鄰遺集》。

九五

[illegible]

[illegible]

[illegible]

[illegible]

[illegible]

[illegible]

[illegible]人[illegible]山[illegible]稿

無受[illegible]士[illegible]石[illegible]六月[illegible]

[illegible]人[illegible]

命[illegible]

[illegible]大[illegible]

[illegible]

[illegible]

近代史所藏

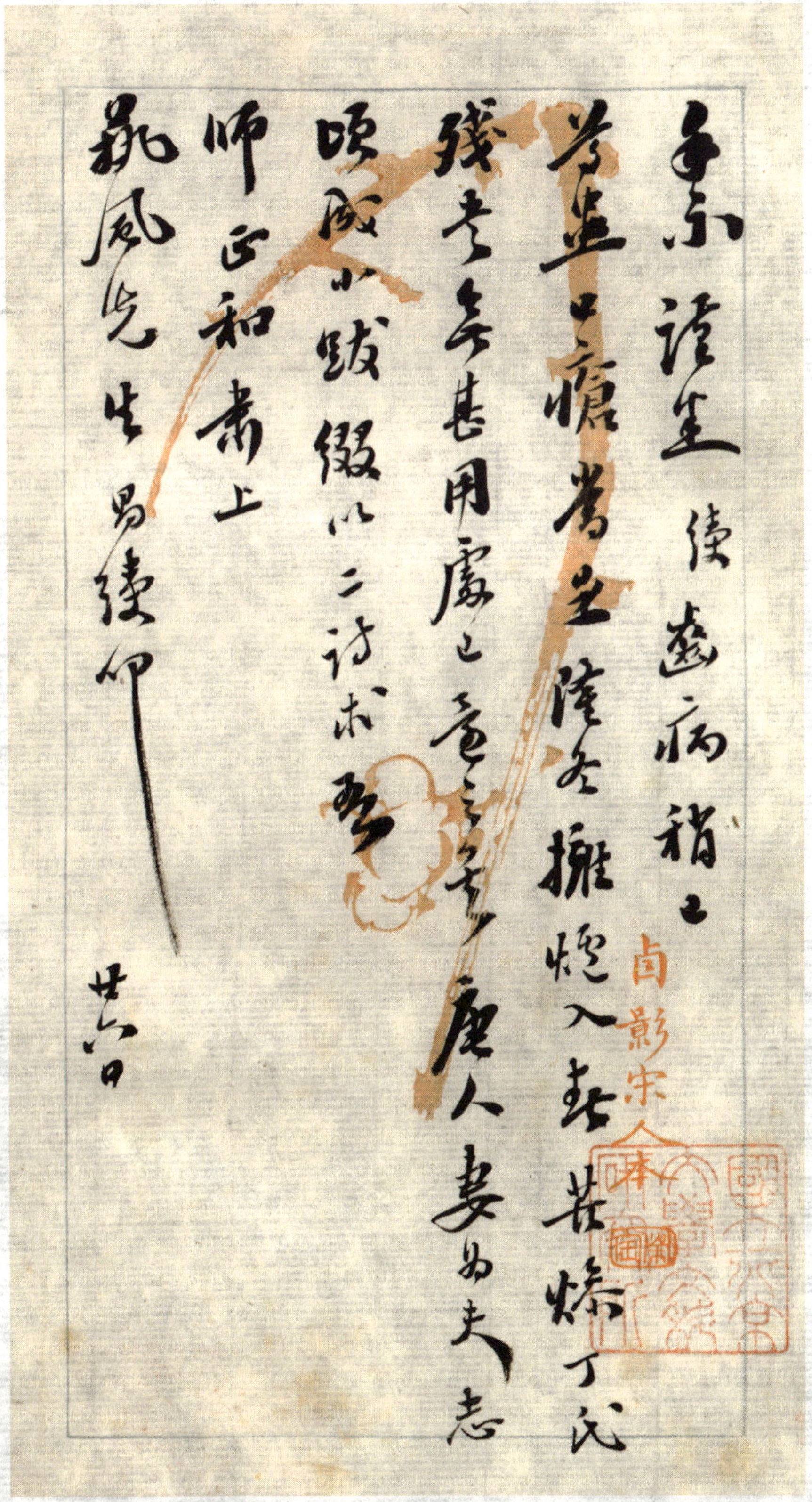

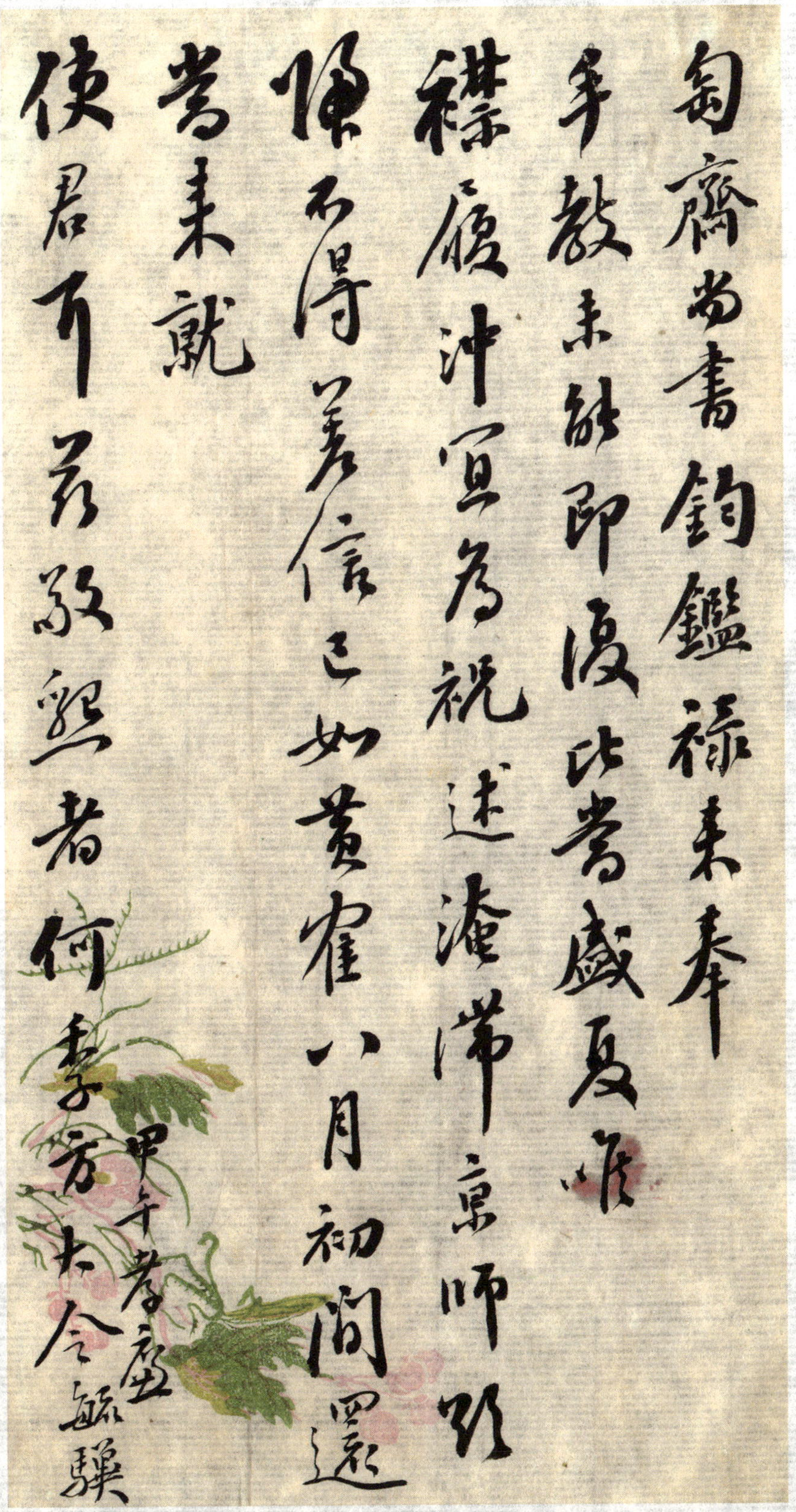

鄧邦述（一八六八—一九三九），字正闇，號孝先，晚號漚夢老人、群碧翁。江蘇江寧人。光緒進士。近代藏書家、目録學者、文學家。

九六

近代史所藏

為何子永舍人季子，與拙家有世誼。
去年在鄂充武備學堂教習，蒙
接
戟巖今以知縣分發江南西述，仰求
賜函向魏午帥、恩藝帥兩處為之
噓植。渠亦頃在南京，當可知

下與鄂陽尤悉，倘得
一言必可增重。其人趨向中正，才幹
優長，真一吏才，務祈
推分吹噓，至為感叩。冒昧上瀆，聆
事。餘見懷時詳陳。專此敬叩
勛祺。姻年如弟邦述頓首 六月望

九七

近代史所藏

九八

程式穀（一八七三—一九二五）字子良，後更名大璋，廣西桂平人。光緒舉人。民國初年當選爲衆議院議員，曾任北京孔教大學教授，主講經史。

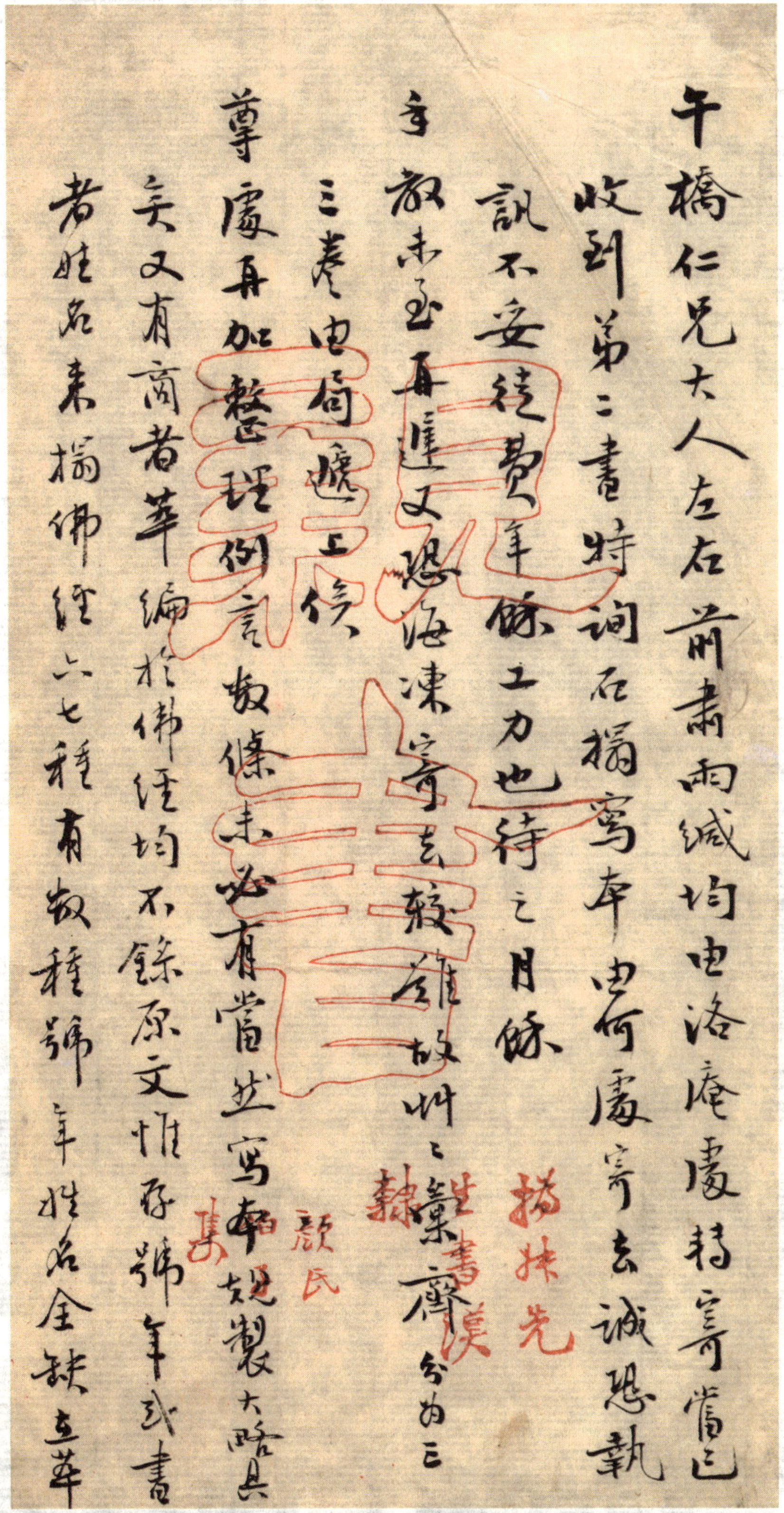

午橋仁兄大人左右：前肅兩緘，均由洛庵處轉寄，當已
收到。弟二書特詢石搨寫本由何處寄去，誠恐執
訊不妥，徒費半年餘工力也。待之月餘，
手教未至，再進文，恐海涑寄去較難，故[illegible]齋，分為三
三卷，由何處遞上，候
尊處再加整理。例言數條，未必有當，並寫本[illegible]製大略具
矣。又有商者：華編於佛經均不錄原文，惟存歸年，或書
者姓名。來搨佛經六七種，有數種歸年姓名全缺，並華

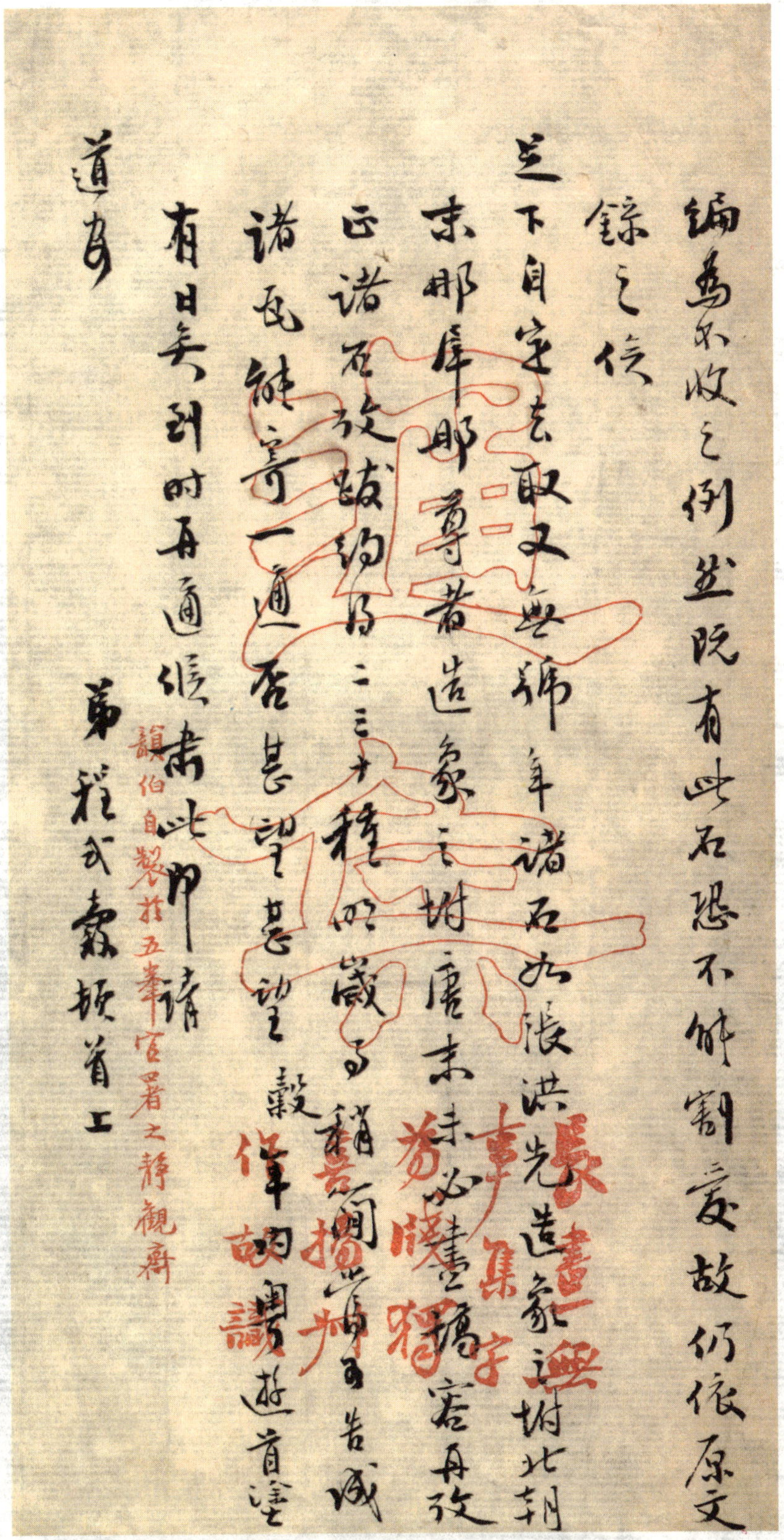

編為不收之例，並既有此石，恐不能割愛，故仍依原文
錄之，候
足下自定去取。又無歸年諸石，如張洪先造象、北朝
東郡崔那尊者造象之類，唐末未必盡[illegible]，[illegible]再攷
正。諸石攷跋約得二三十種，所藏[illegible]告成
諸氏，能寄一通否？甚望甚望。[illegible]
有日矣，到時再通候。肅此即請
道安
弟程式穀頓首上

[illegible]

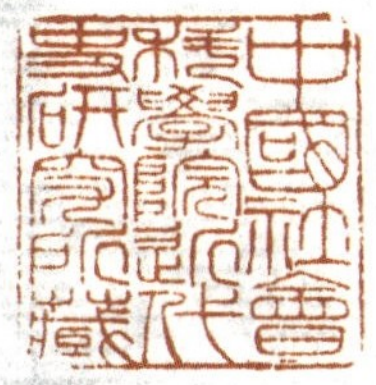

中國社會科學院近代史研究所藏

清代名人書札墨迹（一函二册）

編　　者 / 中國社會科學院近代史研究所

出 版 人 / 謝壽光
出 版 者 / 社會科學文獻出版社
地　　址 / 北京市西城區北三環中路甲 29 號院 3 號樓華龍大厦
郵政編碼 / 100029

責任部門 / 北京社科智庫電子音像出版社　編輯部（010）59367105
電子信箱 / dzyx@ssap.cn
項目負責 / 孫元明
責任編輯 / 陶盈竹　李　超
責任印制 / 岳　陽
裝幀設計 / 3A 設計藝術工作室

經　　銷 / 社會科學文獻出版社市場營銷中心（010）59367081　59367089
讀者服務 / 讀者服務中心（010）59367028

印　　裝 / 揚州古籍綫裝産業有限公司

幅面尺寸 / 420 mm × 320 mm
印　　張 / 101 個筒頁
字　　數 / 8 千字
版　　次 / 2012 年 11 月第 1 版
印　　次 / 2012 年 11 月第 1 次印刷
書　　號 / ISBN 978-7-5097-3750-7
定　　價 / 1200.00 元

ISBN 978-7-5097-3750-7